setzt sich

Alberto Nessi

Blätter und Blässhühner
Foglie e folaghe

Gedichte 1990–2017
Italienisch und deutsch

Ausgewählt und übersetzt von Christoph Ferber
Nachwort von Pietro De Marchi

Limmat Verlag
Zürich

I

Valle di Muggio

S'apre la valle dei verdi profondi
sfiondati dal volo dei rondoni,
il crinale lombardo si disegna
sopra l'uomo che falcia.

Su in alto, nel paese vicino al cielo
ci aspetta una donna dal viso segnato
come una selva. Amo la sua voce
dove vivono il sambuco, la capra,
il ragazzo disgraziato accanto al fuoco.
Lei parla, non ha paura di morire.

Muggiotal

Tiefgrün liegt es auf einmal vor uns,
das Tal, das nun Mauersegler durchqueren,
über einem mähenden Bauern
zeichnet sich der lombardische Gebirgskamm.

Ganz oben, im Dorf nah am Himmel,
erwartet uns eine Frau mit einem Gesicht,
das vom Wetter gezeichnet ist wie ein Wald. Ich liebe
ihre Stimme; in ihr wohnt der Flieder,
die Ziege und der zurückgebliebene Junge am Feuer.
Und sie spricht ohne Furcht vor dem Sterben.

Fronte mare
per Antonia

Passano gli africani con tovaglie
false collane.
Neanche l'ombra della loro tristezza nei vostri occhi
amici di Diabolik, miei lontani
vicini d'ombrellone – te compreso
giovane padre del nord
che dicevi alla bimba in passeggino
«Ti faccio piangere, ti faccio venire le convulsioni».
Solo tu, figlia, talvolta
guardi come loro, un po' in disparte
dai padroncini.

Meeresfront
für Antonia

Afrikaner mit Tischtüchern, billigen
Halsketten ziehen vorüber.
In euren Augen, Diabolik-Freunde
und entfernte Sonnenschirm-Nachbarn,
auch nicht der geringste Hauch
von Trauer – du eingeschlossen,
junger Vater aus dem Norden,
der du dein Kind im Wägelchen schiltst:
«Ich bring dich zum Weinen, du wirst
noch Schreikrämpfe kriegen.»
Nur du, kleines Mädchen, schaust,
ein wenig abseits von deinen Herrchen,
manchmal wie sie.

Canzonette

1.

Vita, le tigri buone ci proteggono
dall'alto della scala ci sorridono
nella gabbia di carta quando passi
col viso puro dei tuoi pochi anni.

Vita, se fai un balletto per me
se giochi al cacciatore o all'uccellino
che ci lascia le penne, se ne vanno
scacciati dal tuo riso i miei malanni.

2.

I frutti delle nostre passeggiate
– il fico dell'orto, l'ombrella del sambuco –
come si fanno più vicini
quando sentono la tua voce bambina.

E sembra in pace questo granello di mondo
se lo guardano i tuoi occhi nocciola,
le pene il male degli uomini
ombre che non lasciano traccia.

Canzonette

1.

Vita, die gnädigen Tiger beschützen uns, lächeln
von der Höhe der Treppen auf den papierenen
Käfig, auf dich, wenn du vorübergehst
mit dem reinen Gesicht deiner wenigen Jahre.

Vita, wenn immer du tanzt, in einem heiteren
Ballett, oder Jäger oder Federn
lassendes Vöglein spielst, dein Lächeln vertreibt
mir auf einmal Mühsal, Gebrechen.

2.

Die Früchte unserer Spaziergänge
– die Feige aus dem Garten, die Traube
des Holunders – wie kommen sie uns näher,
wenn sie deine Kinderstimme erlauschen.

Und friedlich erscheint uns dieses kleine Stück Leben,
wenn es deine nussfarbenen Augen betrachten,
und die Last und das Elend der Menschen
sind spurlos verschwundene Schatten.

Ampelopsis

I vecchi sulla panca di pietra – vecchia
più di loro, certo, ma non più della luce
che a fine agosto illumina le foglie
nude tra le imposte accostate:
sento brandelli delle loro storie.
E sento il nome del ragazzo scomparso
che abitava da queste parti, lo vedo
scappare spaventato come un gatto
nell'ombra del vicolo
e una sera – ricordi? – venne su da noi
a cercare rifugio; e ancora ci guarda
con gli occhi viola dell'adolescente
troppo presto inghiottito dalla notte
ancora vive per un momento
sulle labbra della donna seduta qui sotto
accanto all'ampelopsis
che nelle foglie più basse
ha già versato il sangue dell'autunno.

Doldenrebe

Von den alten Menschen auf der steinernen Sitzbank,
die sicherlich älter als sie ist, doch nicht älter als das Licht,
das die nackten Blätter vor den angelehnten
Fensterläden erhellt, dringen Gesprächsfetzen zu mir.
Sie handeln von alten Geschichten, so hör ich den Namen
des verschwundenen Jungen,
der hier in der Nähe wohnte, ich sehe ihn
erschreckt wie eine Katze davonrennen
im Schatten der engen Gasse,
und eines Abends – erinnerst du dich? – kam er zu uns
herauf, bat um Unterschlupf; und immer noch
schaut er uns an mit den violett
schimmernden Augen eines Heranwachsenden,
der bald von der Nacht verschluckt wurde,
Augen, die einen Augenblick aufleben
auf den Lippen der Frau, die hier unten sitzt,
neben der Doldenrebe,
die auf die unteren Blätter
schon das Herbstblut vergossen hat.

Roveto

Tra le spine del roveto a dicembre,
una macchia rossa sul dorso,
il piccione trema: nessuno
lo toglie dalla sua prigione;
chi, preso dai suoi pensieri
si ferma a guardare, vede
come in uno specchio
quella ferita sanguinare.

Dornbusch

Ein Dornbusch mit Stacheln im Dezember,
dazwischen eine zitternde Taube
mit einem roten Fleck auf dem Rücken. Niemand
befreit sie aus ihrem Gefängnis; jemand,
der gedankenvoll vorbeigeht, hält inne
und schaut, er sieht wie in einem Spiegel
die blutende Wunde.

In memoria di Elena

Il tuo ricordo è un ramo di fusaggine
colto un pomeriggio di settembre,
un amore che non c'è stato, sul binario morto
un vagone colore della ruggine.

E rivedo la mandorla del tuo viso
sul sentiero dei passi trasecolanti,
la nostra era una goffa giovinezza
in cerca d'una parola, d'un profumo

d'un cielo dove amarci:
se muovo il caleidoscopio dei sempreverdi
tutto è possibile, io sono Rimbaud
insieme fuggiamo via su un carro merci.

Zum Andenken an Elena

Deine Erinnerung ist mir ein Spindelstrauchzweig,
den ich an einem Septembertag abbrach,
eine nie gewesene Liebe, ein rostfarbener
Wagen auf einem Abstellgleis.

Noch einmal seh ich dein Mandelgesicht
auf den Pfaden neugieriger Schritte,
unsere Zeit war eine linkische Jugend
die nach Worten suchte, nach Düften,

nach dem Himmel, um uns zu lieben:
beweg ich das Hauswurz-Kaleidoskop,
ist alles möglich, ich bin Rimbaud,
auf einem Güterwagen lass uns entfliehen.

I morti

Strani, i morti, ci guardano dai loculi
con l'aria di farsi perdonare. Ci vediamo dopo,
dicono. Questo sorride, porta il farfallino
che metteva ai concerti di gala; quest'altro
pieno d'alcool ha travolto un ragazzo
dentro la cunetta; la donna sbiadita
morta nel '29 mi sarebbe piaciuta, con quella veste
ricamata come le foglie del platano
che lasciano il ramo e disegnano lente
un numero nell'aria del mattino.
                                        E tu
tu mi guardi perplesso con la tua fossetta nel mento:
non sei certo d'esserci stato. Mi assomigli.

Die Toten

Merkwürdig die Toten, sie schauen uns von den Grabnischen an,
als bäten sie uns um Verzeihung. Wir werden uns später
sehen, sagen sie uns. Der eine lächelt, er trägt den Schmetterling
wie einst bei den Galakonzerten; der andere hat, betrunken,
einen Jungen am Straßengraben überfahren; die Frau dort,
verbleichte Tote aus dem Jahr 29, hätte mir wohl gefallen,
mit diesem gestickten Kleid, das – wie die Blätter der Platane,
wenn sie vom Zweig abfallen – in der Morgenluft langsam
eine Zahl zeichnet.
                                        Und du,
mit deinem Grübchen im Kinn, du schaust mich verwundert an:
du bist dir nicht sicher, ob du da gewesen bist. Du ähnelst mir.

Luce di rovo

Turchi slavi tamil portoghesi
chi sono questi che il pomeriggio di domenica
giocano nel campo di fango secco
con grazia, senza urlare come i nostri

sotto i casoni danzano dimessi
nella luce di rovo del febbraio
che scopre le cartacce dentro i fossi.

Dornlicht

Türken Slawen Tamilen Portugiesen
wer sind sie nur alle die heute
an diesem Sonntag Nachmittag
auf dem trockenen Schlammplatz spielen
mit Anmut und ohne zu schreien wie unsere

unter den Mietkasernen tanzen sie ruhig
im Dornlicht des Februar
das den Abfall in den Gräben erhellt.

Canzonetta d’autunno

Lo sai, ci sono i cachi del bagatto
ce li porta novembre in una sporta
quando il freddo fa strage negli orti

c’è la zucca del Federico (lo vedi come arranca
sulla salitella?); ha una voce saggia
racconta giorni di sole e di pioggia

e poi c’è il nostro amore che non invecchia
se brucia a un tratto come lo stecco
vicino alla brace, dentro il nostro letto.

Herbstlied

Jedes Jahr im November bringt uns, du weißt es,
eine Tasche voll Khakifrüchte der Schuster,
wenn der kalte Nordost in den Obsthainen wütet,

und den riesigen Kürbis überreicht uns Federico
(du siehst ihn doch hinkend den Weg hinaufgehen?),
wie mit wissender Stimme er vom Wetter berichtet,

und auch unsere Liebe ist da, die nicht altert:
sie brennt wie der Reisig in der Nähe der Holzglut,
ja, mit einem Mal brennt sie auf den Brettern des Bettes.

Vedo
a Vita

Vedo nell'acero di monte
che a ottobre si accende di rame
il colore dei tuoi capelli, l'onda
che sulle spalle ti scende

vedo nell'insenatura del tuo viso
l'ala di cielo che sopra il colle si posa
quando di sera si veste di una luce
che fa più vicine le cose, più in pace.

Was ich sehe
für Vita

Im Gebirgsahorn, der im Oktober
kupferfarben entbrennt,
sehe ich deine Haare, die dir in Wogen
über die Schulter fallen,

in den Grübchen deines Gesichts
sehe ich einen Himmelsflügel sich auf den Hügel setzen,
wenn er am Abend mit einem Licht sich entzündet,
das uns die Dinge nahe erscheinen lässt – und in Frieden.

Rispondendo, da Saint-Nazaire, a una lettera di Antonia

I ricordi, l'unica cosa che abbiamo,
mi hai scritto una sera di settembre.
E già per me sono ricordi questi giorni
passati a mille chilometri da casa
sopra un porto di mare dove approdano
i transatlantici e dove una draga
passa paziente a scandagliare il fondo.
Io non so dove vado, figlia che cerchi
una luce e ti stupisce il mondo
degli avidi, io posso solo darti
la forza dei miei occhi che non cedono
di fronte al buio. Un giorno
quando anch'essi saranno un ricordo,
dentro di te, in un angolo di te
possano brillare come l'acqua tranquilla
in cui si specchia la fronda di un albero.

Als Antwort, aus Saint-Nazaire, auf einen Brief von Antonia

Die Erinnerungen, das einzige was wir haben,
hast du mir an einem Septemberabend geschrieben.
Und schon sind für mich Erinnerung
diese Tage, die ich tausend Kilometer
von zu Hause entfernt über einem Hafen
verbracht habe, wo die Überseedampfer anlegen
und ein Schwimmbagger geduldig den Meeresgrund pflügt.
Ich weiß nicht, wohin ich gehe, Tochter,
die du ein Licht suchst und dich über die Welt
der Gierigen wunderst, ich kann dir nur
die Kraft meiner Augen geben, die vor der Dunkelheit
nicht zurückweichen. Eines Tages,
wenn auch sie Erinnerung sein werden,
in dir, in einem Winkel von dir,
mögen sie leuchten wie das stille Wasser,
das den Zweig eines Baums widerspiegelt.

Soffioni

I bambini felici del sabato
hanno piccoli mondi tra le mani
sotto le case popolari.
                                        E vola via l'achenio
vola sopra la lamiera del fiume
verso il paese dei fiori
che non sfioriscono.
Dura un secondo il sogno, un'eternità
mentre l'erba davanti a casa è solo luce
e stanca nel pomeriggio l'umanità
dei gran mercati respira i gas.
Col mio occhio ferito li vedo
anch'io in colonna sulla cantonale
i bambini che colgono soffioni
i bambini che durano un secondo
ai margini della piccola città.

Pusteblumen

In ihren Händen halten sie
kleine Welten, die Kinder, glücklich
über den Samstag, dort unten,
bei den Häusern der Armen.
Und es fliegen
die winzigen Früchte über die Glätte
des Flusses bis ins Land jener Blüten,
die nie verwelken.
Einen Augenblick dauert der Traum, eine Ewigkeit,
während das Gras vor dem Haus
aufleuchtet und die Menschheit
nach dem Samstagnachmittag-Einkauf Abgase
einatmet. Mit meinem verwundeten Auge
sehe auch ich, von einer Autokolonne aus,
Kinder, die Löwenzahn pflücken, Pusteblumen –
und sie dauern wie sie
einen Augenblick nur
an den Rändern der kleinen Stadt.

La moglie

Per trent'anni ho sognato l'amore
e adesso sono qui con quest'uomo
che non parla. Sognavo parole
più ardite del caprifoglio
sopra la rete, più tenere della vite
che splende al ritorno dalle vacanze
quando tutto pare nuovo – quella macchia
d'alberi così verde non l'avevo mai vista
e la linea del colle contro il cielo …
Ho sognato l'amore
il fremito che corre nelle foglie
ma lui non dice niente, saluta appena
chiede cosa c'è di cena, si siede
parliamo di cose normali mai della cosa
che trema dentro la gabbia, della trama
dei sogni.
Certe volte
mi pare che tutto possa cambiare perché il suo sguardo
si piega su di me come un sarmento
quando il vento lo scuote; ma la parola non viene
se siede accanto a me sento
le cose non dette, i pensieri
l'ingorgo del silenzio.

Die Ehefrau

Dreißig Jahre lang hab ich von Liebe geträumt
und jetzt bin ich hier mit diesem Mann,
der nicht spricht. Ich träumte von Worten,
kühn wie das Geißblatt
über dem Drahtzaun, samt
wie die leuchtende Rebe
nach dem Ende der Ferien,
wenn alles erneuert ist – so grün
habe ich diese Baumgruppe niemals gesehen
und die Linie der Hügel vor der Helle des Himmels ...
Ich hab von der Liebe geträumt,
vom Rascheln und Zucken in den Blättern,
aber er sagt nichts, grüßt kaum,
fragt, was es zu essen gibt, setzt sich,
wir sprechen von alltäglichen
Dingen, von dem aber, was im Käfig zittert,
was Träume spinnt, sprechen wir nie.
Manchmal
glaube ich, dass alles ändern könnte, wenn sich sein Blick
wie eine Weinranke, die der Wind schüttelt,
über mich neigt; doch das Wort, es kommt nicht.
Wenn er sich neben mich setzt, hör ich
die nicht ausgesprochenen Worte, und
in der sich anstauenden Stille erspüre ich seine Gedanken.

Il maestro di scuola

Ma è lei? Non è possibile, lei,
la Nina, la figlia del doganiere
questa che in calzamaglia
si alza come un serpente illuminato
sul palco dell'Oratorio
stringe la rosa e mi guarda,
è lei? La bambina che stava
nell'ultimo banco col grembiule nero
la Nina che non faceva le doppie
adesso fa la parte dell'amante
con quel costume da baiadera
si contorce e porge una rosa,
ma a chi? mi ha sorriso?

Der Lehrer

Aber ist sie es? Unmöglich, sie,
die Nina, die Tochter des Zöllners,
sie, die in Strumpfhosen
wie eine erleuchtete Schlange
auf der Bühne des Betsaals
aufsteht, eine Rose fest
in der Hand hält und mich anschaut,
ist sie es wirklich? Das Mädchen,
das in der letzten Bank saß
mit der schwarzen Schürze,
die Nina, die auf die Doppelkonsonanten
nicht achtete, jetzt spielt sie sie
wirklich, die Rolle der Liebhaberin
in diesem Bajadera-Kostüm?
Doch für wen windet sie sich,
wem reicht sie eine Rose,
wem lächelt sie zu, vielleicht mir?

Fratello

Sono fratello dell'uomo con l'armonica
come lui suono alle erbe dei muri
ai fiori di plastica legati agli altari
sui bordi della strada, alle ringhiere.

Come lui suono alle erbe dei muri
a secco. Asplenio e cimbalaria
sono miei alleati, un'aria
stonata mi distingue dai muti.

Ai fiori di plastica legati agli altari
lungo la cantonale – memorie di ammazzati
dalle lamiere – affido la mia voce
fatta di parole rubate.

Sui bordi della strada, alle ringhiere
il nostro dio lascia una frasca
scomposta. Ricordati, fratello:
nel filo d'erba è racchiusa la grazia.

Bruder

Ich bin der Bruder des Mannes mit der Ziehharmonika,
wie er bring ich den Mauergräsern ein Ständchen,
den Plastikblumen an den Altären, den Gedenktafeln
an Straßenrändern, an Geländern und Leitplanken.

Wie er bring ich den Mauergräsern ein Ständchen,
ein Ständchen vor Trockenmauern. Milzfarn und Leinkraut
sind mir treueste Freunde. Eine falsch gesungene Arie
unterscheidet mich von den Teilnahmslosen und Stummen.

Den Plastikblumen an den Altären, den Gedenktafeln
längs der Kantonsstraße – Gedächtnisstätten
für Blechtote – ihnen, ja ihnen gebe ich meine Stimme
nicht mit meinen, nein, mit gestohlenen Worten.

An Straßenrändern, an Geländern und Leitplanken
hinterlässt unser Gott seine Blumen und Zweige,
seine ausgefransten Girlanden. Denk daran, Bruder:
Im Grashalm findest du, verborgen, die Anmut.

Imbarco
di Jan Bruegel detto Bruegel dei velluti

Quante cose succedono
quando si parte. Mentre l'uomo
passa il neonato alla moglie nella barca

e il cane beve l'acqua verde
accanto ai giaggioli e i cavalli
stanno immobili sotto la vela,

sullo sfondo uno allacciato a una donna
illuminata dal sole
se ne va allegro verso la fòresta

e qualcuno improvvisa una danza
sotto le grandi fronde che dicono:
felice chi resta.

Nantes, Musée des Beaux Arts

Einschiffung
von Jan Bruegel, auch Samtbruegel genannt

Wie viel nur geschieht,
wenn man abreist. Während der Mann
seiner Frau den Säugling ins Boot reicht

und der Hund bei den Schwertlilien
vom grünlichen Wasser trinkt und die Pferde
reglos unter dem Segel stehen,

geht einer, an den Leib
einer Frau geklammert, von der Sonne
erleuchtet, fröhlich zum Wald hin

und ein anderer hebt, unter weiten
Zweigen, auf einmal zu tanzen an:
glücklich, die bleiben.

Nantes, Musée des Beaux-Arts

Garofani

Dentro, proprio dentro il cuore
fatto di steli e di petali
rossi com'è rosso
il ventricolo del desiderio

c'è un silenzio colmo di attesa
una parola trattenuta come quando
si vede una donna e si resta a guardare
il suo mistero.

Nelken

Im Herzen, mitten im Herzen,
zwischen Blütenblättern und -stengeln,
rot wie das Rot
des Hohlraums der Wünsche,

schweigt man und harrt – und hält
Worte zurück, wie wenn
man eine Frau sieht und ihr Geheimnis
betrachtet.

Al confine

Cos'avrai da dichiarare ai gabellieri?
Il grembiule a quadretti bianchi e blu
la Gretzner a pedale per i lavori da sarta
la vera che non puoi più sfilare dal dito
il servizio da tè con le damine in chimono
dietro i vetri del buffet?
Oppure la scatola di latta con la siringa
per i tuoi servizi da infermiera nel quartiere
la pendola dalla quale ronzavano
le api dorate nel tempo?
Dovrai lasciare nelle loro mani
inesorabili e pietose
anche lo scialle di lana dove stavi
a rimuginare i misteri dolorosi
quando il tempo era grigio tra i casamenti?

An der Grenze

Was wirst du verzollen müssen?
Die blauweiß karierte Schürze,
die Gretzner Pedal-Nähmaschine,
den fest sitzenden Ehering
das Tee-Service mit den Kimono-Damen
hinter den Scheiben des Buffets?
Oder die Blechschachtel mit der Spritze,
die du als Hilfskrankenschwester
bei deinen Quartierbesuchen benutztest?
Die Pendeluhr, um die herum
die goldenen Zeitbienen summten?
In den mitleidig-unerbittlichen
Händen der Zöllner wirst du auch
deinen wollenen Schal lassen müssen,
in dem du die schmerzhaften Geheimnisse
betrachtetest, wenn die Mietshäuser
im Grauton des Nebels versanken?

Rondini

Domenica senza amuleti. Due africane in altalena
con voci di rondini nel prato dei richiedenti
l'asilo. Passano scarafaggi,
mercedes benz sotto rami potati con lunghi coltelli
– qui si giocava a calcio cent'anni fa.
E d'un tratto, alle transenne, un meteco senza pollice
mi chiede se ho visto suo fratello. Cristo, sì,
suo fratello ... Io non so cosa dire, penso ai morti per acqua,
ai divorati, ai graffiati, a chi vive a rate
a chi nel cuore porta rondini fulminate
qui, vicino alla rete, alla fine dell'estate.

Schwalben

Amulettloser Sonntag. Auf der Schaukel
im Park der Asylbewerber zwei Afrikanerinnen
mit Schwalbenstimmen. Käfer
ziehen vorüber, und unter Ästen, die lange Messer
zusammengestutzt haben, Mercedes Benz –
vor hundert Jahren wurde hier Fußball gespielt.
Und auf einmal fragt mich bei der Abgrenzung
ein daumenloser Ausländer, ob ich seinen Bruder
gesehen habe. Bei Gott, ja, seinen Bruder ...
Ich weiß nicht was sagen, denke an die Toten
im Wasser, an die Zerfleischten, Zerkratzten, an die,
die auf Raten leben, an die, die im Herzen
von einem Stromschlag
getroffene Schwalben mit sich tragen, beim Draht-
zaun hier, gegen Ende des Sommers.

Omaggio a Giorgio Orelli

Il canto che sfiora le fronde nel pomeriggio
inclinando il tempo alla cenere e fuggendo
i passeri sbandati nella sferza della pioggia
che improvvisa benedice le cappelle abbandonate
sui cigli delle strade,
il canto della stagione che si smorza
ai nostri occhi più volte ingannati
dalle luci trascoloranti a fine estate
quando le bambine preparano gli zaini di scuola
nella camera dove un'ombra si disegna
sulle tende: credi forse che altre luci esistano
oltre queste di casa, le finestre
che si aprono sul nuovo settembre?

Hommage an Giorgio Orelli

Der Gesang, der die Zweige am Nachmittag streift,
der die Zeit der Asche zuführt und entflieht,
der Platzregen, der die Spatzen vertreibt,
der die verwaisten Kappellen an den Straßenrändern
mit einem Mal segnet,
der Gesang der nun endenden Jahreszeit
vor unseren von den flimmernden
Spätsommerlichtern gerne verführten Augen,
wenn die Mädchen ihre Schultaschen packen
im Zimmer, in dem sich ein Schatten
auf die Vorhänge legt: glaubst du vielleicht, dass es
andere Lichter gibt als diejenigen des Hauses, andere
Fenster, die den neuen September begrüßen?

Camosci

Si vestono di luce
la mattina presto quando noi
ci spogliamo dei sogni
e li chiudiamo in sacchi di plastica nera
agli angoli delle strade

tessono le lodi della nostra assenza
i signori dell'alba
mentre il cielo rinasce lentamente
sulla costa del monte.

Gemsen

Ihr Kleid ist das Licht,
wenn wir am Morgen
unsere Träume ablegen
und sie an den Straßenecken
in schwarzen Plastiksäcken entsorgen.

Unsere Abwesenheit
lässt die frühmorgendlichen
Herren der Schöpfung frohlocken,
während der Himmel am Berghang
wieder langsam ersteht.

Fili d'erba
a mia moglie

1.

Come no, qualcosa resta di noi, l'eco di un'ora
sui prati scompigliati, lo stupore
davanti all'alba, l'albero che rassicura
come una mano intorno alla mano del bambino
sulla strada di casa
– anche il fiume lascia una scia
sulle pietre del greto, vuoi che noi ce ne andiamo
senza una traccia?
Anche la foglia segna un'impronta nel calcare
per i ragazzi che verranno,
qualcosa rimane, non disperare.
Resta di noi l'onda della forsizia
quando la muove il vento nella sera.

2.

Ora godiamoci quest'ultimo sole
nel paese a mezza costa dove abitiamo
sotto l'ala del falco, godiamoci
il balbettio delle foglie
e questi che chiamiamo alberi e sono
esseri vivi
che ci vengono incontro sui sentieri
– lo vedi il loro passo come oscilla
lungo il filo dei monti.

Grashalme

meiner Frau

1.

Warum nicht? Etwas von uns wird bleiben, das Echo
einer Stunde auf dem zerdrückten Gras, das Staunen
vor dem Frühlicht, der Baum, der uns Sicherheit gibt
wie die Hand, die die Hand des Kindes umschließt
auf dem Heimweg,
– auch der Fluss lässt eine Spur
auf den Steinen des Flussbetts, glaubst du, von uns,
wenn wir gehen, bleibe nichts übrig?
Auch das Blatt lässt einen Abdruck auf dem Kalkstein
für die Kinder, die darauf spielen,
etwas wird bleiben, sei nicht verzweifelt,
eine Fährte, das Sich-Regen des Goldflieders,
wenn ihn der Abendwind wiegt.

2.

Lass uns die letzte Sonne genießen
im Dorf in der Mitte des Hangs, wo wir wohnen,
genießen wir unter dem Flügel des Falken
das Geflüster der Blätter
und die Bäume – sie sind
wie wir Lebewesen,
und sie kommen uns auf den Wegen entgegen –
du siehst doch, wie sie schwankend voranrücken
längs der Linie der Berge.

Qui non ci sono sensi vietati
e gli elicotteri comandati a distanza
oggi sono in panne
nelle rimesse del cielo
così ti parlo tra la foglia e il ramo
anche se sto in silenzio.

Hier gibt es keine verbotene Richtung
und die ferngesteuerten Helikopter
stehen heute defekt
in den Hangars des Himmels.
So sprech ich zu dir zwischen Blättern und Zweigen,
auch wenn ich nur schweige.

Risposta alla cartolina dell'11 maggio

Cara figlia, i *narcissi poetici*
rubati con mano lesta ai prati qui intorno
profumano nella tua stanza lontana,
i nostri da qualche giorno
giacciono spenti in veranda.
Noi sempre rubiamo qualcosa
uno sguardo, un sogno, un sorriso
per sentirci vivi. Ma tu
non essere come me che sempre oscillo
guarda con più fiducia alla corolla
che t'illumina gli occhi. Tu sfidi il vento
tu non hai questo grumo d'incertezza
che mi prende al risveglio, questa
ruga di malinconia.
Sei più viva di me, più meraviglia
accende i tuoi giovani anni, una malia
un fiore che profuma di vaniglia.

Antwort auf die Postkarte vom 11. Mai

Liebe Tochter, die *poetischen Narzissen*
– du hast sie mit flinken Händen hier und dort
auf den Wiesen gepflückt –
duften in deinem fernen Zimmer,
unsere liegen seit einigen Tagen
verwelkt in der Veranda.
Um uns lebendig zu fühlen,
erhaschen wir immerzu etwas,
einen Blick, einen Traum, ein Lächeln. Du aber
sei nicht wie ich, der ich immerzu zaudere,
schaue mit Zuversicht auf die Korolla,
die dir die Augen erleuchtet. Du forderst den Wind
heraus, du kennst ihn nicht, diesen Klumpen
von Ungewissheit, der mich beim Wachwerden
packt, diese Runzel von Melancholie.
Du bist lebendiger als ich. Es sind Wunderdinge,
die deine jungen Jahre erleuchten, luftiger
Blütenzauber, der nach Vanille duftet.

Canzonetta

Il mazzetto di zinnie
che ci hai portato, Sonia,
ravviva la memoria
coi suoi colori splendidi

ridà il rosso alle guance
il bianco alla domenica
il giallo viola arancio
ai giorni che scompaiono

le farfalle rivivono
col loro minuetto
vanno a sfiorare i petali
delle tue zinnie umili.

Canzonetta

Sonia, dein Zinnien-
sträußchen hat
mein Erinnern
mit seinen bunten
Farben erneuert

gibt mir das Rot
der Wangen das Weiß
des Sonntags und ein violett-
gelb-orangenes
Bangen um die verrinnenden
Tage zurück

rund um die Blüten-
blätter deiner lieblichen
Zinnien tanzen
heut Falter
ihr Menuett.

Alle mie figlie

Ci siete voi, mentre cala la sera
qui sul regionale dove donne sonnecchiano
e qualcuno sogna, ma voi non mi lasciate
mentre il carretto tirato dalla ragazza slava
urta contro il sedile dove scrivo
– è la vita dei poveri, la schiavitù del salario
la domenica irta di spigoli.
Ma voi ci siete, dietro le robinie
siete sull'orizzonte che si colora
mentre il treno attraversa il mio paese,
siete l'acqua di sottofondo e anche il filo
dei colli in lontananza vestiti di perla
prima della navigazione notturna.

Antonia dagli occhi di foglia splendente e tu Vita
puro giaggiolo contro il cielo,
vorrei che il mio sorriso di provinciale
vi aiutasse a vivere tra le muraglie
come la mica se la vedete dentro un sasso,
vorrei che le mie parole potessero avere
la luce dei ciottoli del greto
e l'ombra riflessa nell'acqua,
vorrei avervi insegnato la compassione
non solo per la donna senza mani ma anche
per gli uomini che credono di avere la testa,
vorrei lasciarvi la bellezza dell'erba comune
la contraddanza dei rami nel vento

Meinen Töchtern

Da seid ihr, während der Abend fällt,
im Regionalzug, wo Frauen im Halbschlummer
träumen, immer noch seid ihr da,
während das Wägelchen, das ein slawisches
Mädchen zieht, an den Sitz stößt,
auf dem ich schreibe,
– Armeleuteleben, Warten auf den Zahltag,
mit dem Sonntag voller Kanten.
Aber ihr seid da, hinter den Robinien
seid ihr vor dem rot schimmernden Horizont,
während der Zug durch mein Land fährt,
ihr seid das Wasser, das ich im Hintergrund höre,
die Zeichnung der Hügel in ihrem Perlkleid,
bevor ich die Nachtfahrt antrete.

Antonia mit ihren Glitzerblatt-Augen und du, Vita,
wie eine Schwertlilie gegen den Himmel,
ich möchte, mein Provinzlerlächeln
helfe euch, zwischen den Mauern zu leben,
wie der Glimmer, den ihr in einem Stein seht,
ich möchte, dass meine Worte das Licht
der Kiesel im Bachbett besitzen
und den Schatten, der sich im Wasser spiegelt.
Ich möchte euch das Mitleid gelehrt haben
nicht nur für die Frau ohne Arme, sondern auch
für die Männer, die glauben einen Kopf zu haben,
ich möchte euch die Schönheit des gewöhnlichen Grases

lo sguardo mite di mia madre in cucina
i sogni di chi è scomparso senza testamento
le domande della luna nel firmamento.

lassen, das Sich-Wiegen der Zweige im Wind,
den sanften Blick meiner Mutter in der Küche,
den Traum derer, die ohne Testament gingen,
die Fragen des Mondes am Firmament.

Foglie e folaghe

Nel bistrot di Vevey, davanti al vecchio
concentrato sulla pagina dei morti
guardi dai vetri le folaghe dell'autunno,
figlia che vai non sai bene dove, ma vai. Questa sera mi scrivi
davanti alla furia delle foglie
che segnano la fine e la rinascita, la speranza
e il gorgo, questa sera mi dici
che avresti voluto conoscermi
quando avevo la tua età.
                    Mi piacevano i margini
come te cercavo uno sguardo senza menzogna
e lo trovavo nel terreno vago
dove tutto era ancora possibile, nelle ombre sottili
allungate sul prato verso sera
cercavo ciò che ancora non ho trovato.
Certo, avremmo potuto essere amici
inseguire il sole al tramonto sulle balze di frontiera
dove adesso fuggiaschi lasciano gli scialli
che intralciano la fuga, il camioncino di plastica
del bambino, la bambola violentata
i segni dell'abbandono,
nei boschi dell'adolescenza il sogno lascia il posto
al dolore dei braccati.
                    Figlia che ti cerchi
sembra che le cose non debbano mai cambiare
e un giorno un colpo di vento sradica la ceppaia
mette a nudo la discarica. Ma tu non badarmi,

Blätter und Blässhühner

Im Bistrot in Vevey schaust du
gegenüber dem alten Mann, der aufmerksam
in den Todesanzeigen liest, durchs Fenster
auf die Blässhühner des Herbstes,
Tochter, die du fortziehst, wohin
weißt du zwar nicht, aber fortziehst. Heute Abend schreibst du mir
vor dem Aufruhr der Blätter, die das Ende
und die Wiedergeburt, Hoffnung und Abgrund
bedeuten, heute Abend sagst du mir, du hättest
mich kennenlernen wollen, als ich so alt war wie du.
Ich mochte
die Randzonen, wie du suchte ich einen Blick ohne Lüge,
und fand ihn auf dem unbestimmten Terrain,
wo alles noch möglich ist, im dünnen, länglichen
Schatten auf der Wiese gegen Abend suchte ich das,
was ich noch nicht gefunden hatte.
Bestimmt hätten wir Freunde sein können,
der Sonne nacheilen am Abend über die Abhänge nahe der Grenze,
wo nun Fliehende ihren Überwurf ablegen, weil er ihnen
bei der Flucht in die Quere kommt, das Plastikauto
der Kinder, die vergewaltigte Puppe,
alles wird liegengelassen
in den Wäldern der Jugend, wo der Traum
durch den Schmerz der Gehetzten ersetzt wird.
Tochter auf der Suche
nach dir selbst, es scheint, dass die Dinge nie enden sollen,
und eines Tages wird ein Windstoß den Baumstrunk entwurzeln

guarda in avanti come fa la folaga
quando va via sull’acqua scintillante.

und den Unrat zu Tage fördern. Aber du, beachte mich nicht,
schau vorwärts, wie es das Blässhuhn tut,
wenn es übers glitzernde Wasser davonschwimmt.

Il primo giorno di primavera

Una domenica pomeriggio nell'atrio della stazione a Briga
passano donne di mezza età con giacche a vento
passano campioni di slalom e parapendio
la coppia lampeggiante di tamil sembra felice
l'uomo della pulizia con pattumiera in regola
fa sparire mozziconi carte vuoti a perdere
due vecchie accanto a me su sedili di rete metallica
guardano diffidenti e sbadigliano canticchiando,
ma il ragazzetto pallido coi jeans bassi di cavallo
è sempre lì immobile con la sua lattina di birra.

Passa l'uomo dal grande colbacco polare
passano quelli del telefonino cellulare
ragazze che mangiano animaletti di gomma
poi arriva la donna dell'ambulanza con la blusa gialla
la signora in pelliccia chiede qualcosa al marito che fa un piccolo rutto
le due vecchie accanto a me rumorosamente sbadigliano,
ma il ragazzetto pallido coi jeans bassi di cavallo
è sempre lì immobile con la sua lattina di birra.

È seduto sul penultimo scalino
di una scala di ferro fuori servizio
immobile con la lattina di Heineken nella destra,
nella sinistra la sigaretta perde cenere
a Briga atrio della stazione primo giorno di primavera.

Der erste Tag Frühling

An einem Sonntagnachmittag in der Bahnhofshalle zu Brig:
Frauen gesetzten Alters in Windjacken gehen vorüber,
Slalomwettkämpfer, Gleitschirmflieger,
ein Tamilenpaar, strahlend vor Freude,
ein Reinigungsarbeiter mit Mülleimer nach Norm
beseitigt Zigarettenstummel, Papier, leere Flaschen,
zwei alte Frauen neben mir auf Metallnetz-Sitzen
schauen misstrauisch, summen gähnend ein Lied,
doch der Junge, bleich und mit tief sitzenden Jeans,
sitzt immer noch regungslos mit der Bierdose in der Hand.

Der Mann mit dem großen Polar-Kolbak geht vorüber,
Menschen mit Mobiltelefonen,
Mädchen, die Gummibärchen verzehren,
dann kommt mit blauer Bluse die Frau von der Sanität,
die Dame in Pelz fragt etwas ihren Mann, der nur kurz rülpst,
die beiden Alten neben mir gähnen nun laut.
Doch der Junge, bleich und mit tief sitzenden Jeans,
sitzt immer noch regungslos mit der Bierdose in der Hand.

Er sitzt auf der zweitletzten Stufe
einer Eisentreppe, die nicht mehr benutzt wird,
regungslos mit der Heineken-Dose in der Rechten,
in der Linken eine Zigarette mit herabfallender Asche,
Brig, Bahnhofshalle, erster Tag Frühling.

Emancipazione

Fabio il kosovaro
vuol fare il domestico da me.
Mi ha preso per Tolstoi:
Leone Tolstoi nella sua tenuta di Jasnaja Poljana.

Fabio il kosovaro
ha sul braccio un coltello tatuato.
Dice che da ragazzo era bravo
a giocare con il coltello sul prato.

Fabio il kosovaro ha perso i figli
al suo paese. Lavorava in fabbrica.
Poi è scappato sulle montagne.
Adesso porta il cappellino del sindacato.

Nella mia tenuta di Jasnaja Poljana
vengono a trovarmi gli antenati:
quello che guida il carro dei buoi,
il ferroviere, la cieca, il servo della gleba.

Io sono Tolstoi, libero gli schiavi,
li invito tutti sotto la pergola d'uva.

I miei antenati insieme a Fabio il kosovaro.
Che mi punta il suo coltello alla gola.

Emanzipation

Fabio, der Kosovare, hofft
meine Haushaltshilfe zu werden.
Er glaubt, ich sei Tolstoj:
Leo Tolstoj auf seinem Gut in Jasnaja Poljana.

Fabio, der Kosovare,
hat auf dem Arm ein tätowiertes Messer.
Er sagt, als Bub sei er geschickt gewesen
im Spiel mit dem Messer auf den Feldern.

Fabio, der Kosovare, hat in seinem Land
die Kinder verloren. Er arbeitete in einer Fabrik.
Dann ist er ins Gebirge geflüchtet.
Jetzt trägt er die Mütze der Gewerkschaft.

In meinem Gut in Jasnaja Poljana
kommen mich die Vorfahren besuchen:
Der Mann mit dem Ochsenkarren,
der Bahnarbeiter, die Blinde, der Leibeigene.

Ich bin Tolstoj, befreie die Sklaven,
lade sie alle unter die Weinlaube ein.

Meine Vorfahren samt Fabio, dem Kosovaren.
Der mir das Messer an die Kehle hält.

Foto di gruppo

Questo è il Pitürina che suonava il piano
il Vivi Cola là nell'angolo coi baffi
quello che ha sparato alla lepre in un cespuglio
e ha ammazzato un bambino,
poi c'è il pedofilo con la brillantina
e qui il Peppino bello come Koblet:
sono andati fino a Lugano in bicicletta,
ora sono tutti in canottiera
davanti al ristorante del Popolo
tutti morti.

Gruppenfoto

Dies ist der Pitürina, der auf dem Klavier spielte,
der Vivi Cola dort an der Ecke mit dem Schnauzbart,
der in einem Busch auf einen Hasen geschossen
und einen Knaben getroffen hat,
dann ist da der Pädophile mit der Haarpomade
und hier Peppino, eine Schönheit wie Koblet:
Sie sind mit dem Fahrrad nach Lugano gefahren,
nun stehen sie alle im Unterhemd
vor dem Ristorante del Popolo,
alle tot.

Soutine a Basilea

Il balletto dell'anatra sgozzata
mi trascina nella pozzanghera
di un'Europa terremotata: Soutine
i tuoi gladioli hanno il colore del fuoco,
case crollano davanti al sentiero
dove s'abbatte l'ubriaco.

Figlio di un sarto ebreo della Lituania
una sera quasi ti ammazzano di botte. Allora
con venticinque rubli, un cappello blu e un fagotto
parti per Parigi. E là
corre il sangue sul bue scorticato
nel tuo studio di rue Saint-Gothard
corre la lepre della giovinezza
mentre qui, oggi, in una città di frontiera
corsa da tram azzurri che non sbagliano mai
io t'inseguo nelle sale di un museo
dove alberi assediano un cielo senza dei
la forchetta addenta l'aringa dei poveri
il verde diventa giallo, il rosso viola
e io con te divento fiamma e terra.
Ma cos'è successo alla bambola nera
di questa creatura spaventata,
al bambino dagli occhi di lemure
alla cameriera vestita di rosa
al chierichetto stravolto, allo zingaro
strangolato dal foulard? L'apocalisse

Soutine in Basel

Das Ballett der enthaupteten Gans
reißt mich in eine Pfütze
in einem erdbebenerschütterten Europa: Soutine,
deine Gladiolen haben die Farbe des Feuers,
vor dem Pfad, wo der Betrunkene hinfällt,
stürzen die Häuser ein.

Sohn eines jüdischen Schreiners in Litauen,
hat man dich eines Abends fast totgeschlagen. Da
flüchtest du mit fünfundzwanzig Rubel, einem Bündel
und einem blauen Hut nach Paris. Und dort
fließt das Blut über den gehäuteten Ochsen
in deinem Atelier in der Rue Saint-Gothard
läuft der Hase der Jugend,
während hier, heute, in einer Stadt an der Grenze
mit ihren verlässlichen azurfarbenen Tramwagen,
ich durch Museumssäle dir folge,
wo Bäume einen Himmel ohne Götter belagern,
die Gabel in den Hering der Armen sticht,
Grün zu Gelb wird, Rot zu Violett,
und ich mit dir zu Flamme und Erde.
Aber was ist der schwarzen Puppe
dieses erschreckten Geschöpfs widerfahren,
dem Kind mit den Affenaugen,
der Kellnerin mit dem Rosa-Kleid,
dem verstörten Ministranten, dem von seinem Halsband
erdrosselten Zigeuner? Die Apokalypse

corre per queste strade
e la lepre della giovinezza, Soutine,
ad un'imposta verde è crocifissa.

läuft auf diesen Straßen,
und der Hase der Jugend, Soutine,
hängt an einem Fensterladen gekreuzigt.

Guardalo

per Enrico Della Torre

Stavo a guardare la neve del glicine
cadere come in sogno sul balcone,
neve azzurra di petali felici
che la sferza del tempo decompone

e mi veniva in mente la miseria
dei nostri gesti destinati a cadere:
tutta qui, pensavo, la storia
tutta fiorana e cenere.

Datti da fare, guardalo il presente
negli occhi di chi ti guarda, la meraviglia
delle nubi, non cedere al niente

dei pensieri che fanno un parapiglia
d'incubi e desideri nella mente
prima che tutto diventi poltiglia.

Schau!
für Enrico Della Torre

Schnee von der Glyzinie, wie im Traum
fällt er auf meinen Balkon,
Blütenblätter, azurfarbener Schnee,
den ich in seinem Auseinanderfallen betrachte

und mir denke, dass das Elend
unserer täglichen Gesten auch auseinanderfällt:
dies also, denke ich, ist
unsere ganze Geschichte: zerstiebende Blüte und Asche.

Beeile dich also, schau auf die Gegenwart
in den Augen dessen, der auf dich schaut,
auf das Wunder der Wolken, verlasse

das Nichts der Gedanken, Getümmel
von Albträumen und Wünschen, bevor
doch alles zu Staub wird.

Visita alla Pinacoteca

Ancora una mattina di sabato
con i ragazzi che giocano a calcio
dentro un'aria violetta,
i santi decollati in fondo alla chiese
il delirio di foglie lontane
da quelli che portano la tuta mimetica.
Qui a volte un colpo di vento muove i cespugli
tralci di rose pendono dai cancelli
il rosso si mescola col verde, l'infiorescenza
con la venatura. Già la bruma d'autunno
parla di ciò che sarebbe potuto essere
ma la ragazza di più di un secolo fa
col suo mazzolino di fiori non è morta
e il vecchio con un teschio fra le mani
porge perle di luce.
La Sibilla mi guarda. Perché tace?

Besuch in der Pinakothek

Noch einmal an einem Samstagvormittag
mit den Fußball spielenden Jungen
in einer violettfarbenen Luft,
den enthaupteten Heiligen in den Kirchenschiffen,
dem Blätterdelirium
fern von den Tarnanzüge tragenden Männern.
Hier rauschen zuweilen bei einem Windstoß die Büsche,
hängen an Toreinfahrten Triebe von Rosen,
mischen sich Rot mit Grün, Blütenstände
mit Äderung. Schon spricht der Herbstnebel
von den möglich gewesenen Dingen,
doch das Mädchen mit dem Blumenstrauß
lebt auch nach hundert Jahren noch immer
und der Alte mit dem Schädel im Arm
bietet immer noch Lichtperlen feil.
Die Sibylle, sie schaut mich an. Warum schweigt sie?

Il muratore Bernasconi
di Antonio Rinaldi

Il muratore Bernasconi
ha tante cose da dire
con la camicia a sbuffo
il gilè coi bottoni

che ha preso nell'armadio
dentro la cameretta
quest'oggi non ha fretta
è come di domenica

abito di lavoro
ma somiglia a un signore
anche se un po' selvatico
ha proprio un bell'aspetto

viene fuori dall'ombra
dei muri di paese
dalla fatica antica
una luce lo sfiora

nei boschi di Tremona
il barbaglio del faggio
facciamoci coraggio
domani ricomincia

a girare la ruota
la malta la marocca
la carretta la calce
la mazza la mazzata

Der Maurer Bernasconi
di Antonio Rinaldi

Der Maurer Bernasconi hat uns viel zu sagen
im Gilet mit Knöpfen im weiten Hemd mit Kragen

er hat's in seinem Zimmer dem alten Schrank entnommen
heut hat er es nicht eilig für ihn ist heute Sonntag

ein Kleid, bestimmt sehr einfach doch sieht er wie ein Herr aus
ein wenig rustikal zwar doch angenehm sympathisch

als tret' er aus den Schatten der Mauern seines Dorfes
aus alter Qual und Mühsal steht er in einem Lichtschein

in Wäldern um Tremona erschimmern helle Buchen
wir brauchen Mut, denn morgen beginnt die Arbeit wieder

das Rad gilt es zu drehen den Karren gilt's zu schieben
und Mörtel Sand und Erde Kalk Kelle Schlag und Hammer

II

Stazione

Partire la mattina presto
quando ai treni freschi di segreti
sulla scarpata fanno la guardia equiseti
rugiadosi, dalle reti metalliche
si sporgono a guardare riccioli
di vilucchio, partire da queste allodole
stramazzate tra fasci di binari
rampe di lancio doganieri nuvole

Bahnhof

Frühmorgens aufbrechen,
wenn von der Böschung
den in ein frisches Geheimnis gehüllten Zug
die mit Tau noch bedeckten
Schachtelhalme bewachen, an den Draht-
zäunen Ackerwinden ihre Locken
neugierig vorstrecken, aufbrechen
bei diesen Lerchen, die leblos
zwischen Gleisbündeln liegen,
Plattformen, Zöllnern und Wolken

InterRegio

Ha l'aria della contadina
la donna che mi siede di lato
con una sciarpa macedone:
che cosa ha lasciato, una casa in rovina
un pollaio devastato?
I due nipotini dalle orecchie a sventola
s'arrampicano sui sedili,
silenziosi scoiattoli senza nocciole,
pettinati come me negli anni cinquanta
guardano la bionda che cinguetta
al cellulare «super» «genau» «gern»
poi s'addormentano sul bracciolo
mentre la pioggia arriva nella sera
con passo leggero da clandestina
ci guarda dal finestrino fino a Luzern.

InterRegio

Sie sieht einer Bäuerin ähnlich,
die Frau an meiner Seite
mit der mazedonischen Schärpe.
Was hat sie in der Heimat verlassen,
ein Haus, das zerstört ist,
einen verwüsteten Hühnerstall?
Ihre beiden Enkel mit den abstehenden
Ohren klettern über die Sitze, schweigende
Eichhörnchen ohne Nüsse,
mit einem Haarschnitt,
der an meinen in den fünfziger Jahren
erinnert, sie schauen zur Blonden, die ins Handy
«gern», «genau», «super» zwitschert,
dann schlafen sie an einer Armlehne ein,
während der abendliche Regen
mit leichtem, heimlichem Schritt
uns durchs Fenster begleitet
bis zum Bahnhof Luzern.

Zurigo e ritorno

Ottanta manichini made in Hongkong
viaggiano sul TILO del mattino
con un’impiegata, un magazziniere di Camerlata
e cento bambini violati da un prete
a pagina quattordici del giornale:
comincia così il giorno feriale
mentre sui monti danzano all’ultima neve
tre falchi azzurri di cielo
in volo verso la diaspora dei felici.

La sera del ritorno, davanti a me
due del Malcantone, lei giovane in viso
lui già addetto alla manutenzione
ma a furia di stringere bulloni
gli è venuto il dito a scatto: l’hanno operato in Ticino
due volte, ma il dito é sempre storto. Ora viene dalla clinica
dove risanano i morti. Intanto
nello scompartimento di fianco
due Policemen SBB FFS chiedono il documento
a una ragazza straniera, mariposa
abbandonata anche dalla Madonna.
Quello del dito racconta furti di legna.
Passa un ragazzo coi capelli rosa.

Zürich hin und zurück

Im Morgen-TILO reisen mit einer Angestellten
und einem Lageraufseher aus Camerlata
achtzig Schaufensterpuppen made in Hongkong
und hundert von einem Priester misshandelte Kinder
auf Seite vierzehn der Zeitung:
So beginnt heute der Werktag,
wobei auf den Bergen mit den letzten Schneespuren
drei Falken, blau wie der Himmel, tanzend
zur Diaspora der Glücklichen fliegen.

Am Abend, auf der Rückreise, sitzen
vor mir zwei aus dem Malcantone, sie jugendlich
wirkend, er Wartungsarbeiter, der vor lauter
Bolzendrehen einen krummen Finger
bekommen hat: im Tessin ist er zweimal
operiert worden, aber der Finger ist immer noch
krumm. Jetzt kommt er von der Klinik,
wo man die Toten zu heilen versucht. Unterdessen
wollen zwei Policemen SBB FFS den Ausweis
einer Ausländerin sehen, Barbie mit Flügeln,
doch von der Madonna verlassen.
Der mit dem Finger berichtet von Holzdiebstählen.
Ein Junge mit Rosa-Haar geht vorüber.

ICN Blaise Cendrars

Senza anestesia
le settimane diventano giorni, i giorni ore
e nel minuto presente il treno accelera
la sua corsa, sventolano bandiere
sopra gli orti precoci della periferia
corvi chiocci volano basso su bianchi ciuffi
e io guardo il mondo attraverso il cuore tracciato da qualcuno
sulla polvere del finestrino. Fra i passanti
alla fermata mi pare di vedere
un poeta morto che nessuno ricorda; ma quando
il Blaise Cendrars riprende il largo, accanto a me si siede
non la Petite Jeanne de France ma il donnone di Zofingen
con scarpe da ginnastica e sciarpa luccicante
sopra pantaloni di leopardo. Ora con cura
estrae una lima dalla grande borsa
la mia vicina dal sembiante offeso
e si netta le unghie delle mani:
dal pollice fino al mignolo e ritorno
la lama tutto lo sporco porta via.

ICN Blaise Cendrars

Anästhesielos
werden die Wochen zu Tagen, die Tage zu Stunden,
und in dieser Minute beschleunigt der Zug
seine Fahrt, wehen Flaggen
über den frühen Gärten der Peripherie,
fliegen heisere Krähen tief über weiße Büschel,
und ich schau auf die Welt durch das Herz, welches jemand
auf die graue Scheibe gemalt hat. Unter den Wartenden
am Quai glaube ich einen verstorbenen, schon lange
vergessenen Dichter zu erkennen; doch wie der ICN
Blaise Cendras das Weite sucht, setzt sich neben mich
nicht die Petite Jeanne de France, sondern das robuste Weibsbild
aus Zofingen mit Turnschuhen, Leopard-Hose
und hell leuchtender Schärpe. Da aber
greift die Frau mit dem beleidigten Gesicht in die große
Tasche, zieht eine Feile hervor und beginnt
sich die Nägel zu reinigen,
vom Daumen bis hin zum kleinen Finger:
allen Dreck nimmt die Feilenspitze mit sich.

Regionale

Uomini con catene, lenti scure
donna zoppicante, auricolari:
mi salva una cutrettola
nei campi fioriti di colza
subito spenta.

Finalmente la vecchia con frangetta verde
e collana da baiadera
mi fa un mezzo sorriso
prima di Zurigo
dove mi aspetta sul quarto binario
un sadomaso tutto tatuato
come un serpente.

Regionalzug

Männer mit Ketten, verdunkelte Brillen,
Kopfhörer, hinkende Frau:
Mich rettet
eine gleich wieder entschwundene
Schafstelze in den blühenden Rapsfeldern.

Die Alte mit grüner
Ponyfranse und Bajadera-Halsband
lächelt mir kurz vor Zürich
halbherzig zu, auf dem Bahnsteig
wartet auf mich ein
wie eine Schlange tätowierter
Sadomaso.

Bienne, Coin-des-Tilleuls, 6 settembre

All’ombra di un tiglio
c’è una ragazza con gli occhi
un po’ azzurri un po’ verdi
di meraviglia

Biel, Coin-des-Tilleuls, 6. September

Im Schatten einer Linde
findest du – o Wunder! –
ein Mädchen mit zauberhaft
blaugrünen Augen

Giorno feriale

1

InterRegio, giorno feriale
la purezza della neve nel cielo
si scontra con l'oscenità del giornale.

2

Chi è questo che non vede nessuno
travestito da pirata, anello all'orecchio
in maiuscole GAS sulla maglietta?

3

Ha l'aria molto malinconica
con la grande falena disegnata
sulla borsa di plastica verde
questa bambina dai codini felici
sull'autobus per Oberwinterthur
suona soltanto per il mio tamburo
la sua giovane fisarmonica.

Werktag

1

InterRegio, die Reinheit des Schnees
kontrastiert im Himmel
mit der Obszönität der Zeitung.

2

Wer ist denn der, der auf niemanden Acht gibt,
mit dem Piratenkleid und dem Ring an den Ohren
und dem Leibchen mit den drei Großbuchstaben GAS?

3

Mit dem großen Nachtfalter
auf der grünen Plastiktasche
macht es einen sehr melancholischen Eindruck,
das Mädchen mit den lustigen Zöpfen
im Bus nach Oberwinterthur,
und nur für mein Trommelfell
spielt ihre jugendliche Handorgel.

Figure della pioggia

Non vedrò più la donna dalle nove dita
che mangia fragole da un contenitore di plastica
non saprò mai la storia del suo dito mignolo

non vedrò più gli occhi della bambina
che avrebbe tante cose da raccontarmi
ma deve scendere, mi saluta dalla banchina

non vedrò più la donna che fa a maglia
con un gomitolo verde pisello, non alza lo sguardo
ha la mascella quadra di mia madre

non vedrò più la viaggiatrice senza bagaglio
compagna di viaggio tra Zugo e Lugano
sorrideva ai meli spogli parlando da sola

non vedrò più le figure incontrate per caso
negli scompartimenti di seconda
le figure trovate e subito perdute
attraversano la vita come acquate
di primavera sbandate dal vento.

Regengestalten

Ich werde sie nicht mehr sehen, die Frau mit den neun Fingern,
die aus einem Plastikbehälter Erdbeeren isst,
nie werde ich die Geschichte ihres kleinen Fingers erfahren.

Ich werde sie nicht mehr sehen, die Augen des Mädchens,
das mir so viel zu erzählen hätte, aber das
aussteigen muss und mich vom Bahnsteig aus grüßt.

Ich werde sie nicht mehr sehen, die strickende Frau
mit dem erbsenfarbenen Knäuel, sie schaut von der Arbeit
nicht auf und hat den rechteckigen Kiefer meiner Mutter.

Ich werde sie nicht mehr sehen, die Reisende ohne Gepäck,
Sitznachbarin zwischen Zug und Lugano, die den nackt
stehenden Apfelbäumen zulächelt und vor sich hin spricht.

Ich werde sie nicht mehr sehen, die Gestalten, die ich per Zufall
in den Zweite-Klasse-Abteilen getroffen habe,
die gefundenen und gleich wieder verlorenen Gestalten
durchqueren mein Leben wie ein Regenschauer im Frühling,
den der Wind gleich wieder hinwegpeitscht.

Cercavi il sud

per Albert Müller

Sono questi i mattini che dolcemente
fanno maturare le uve in collina dove le ombre
danno rifugio agli amanti negli avvallamenti
rischiarati dal colchico? Niente più brilla
negli occhi della tua Anna, niente sogni,
il viso è spezzato da spigoli rossi e verdi
nell'angolo di una sala al Museo di Coira: qui
abeti mi schiacciano, le vacche sono blu
il filo d'acqua della fontana di Segantini
lascia il posto a una finestra senza luce,
la cuffia bianca della contadina
diventa fronte aguzza, buia occhiaia
farfalla spenta con la maglia a righe.

Cercavi il sud nel paese dei ciottoli e delle vigne,
Albert ucciso dal tifo. Mi sarebbe piaciuto
vederti nel vicolo dove anch'io ho atteso la chiarità,
farti un cenno di mano come si saluta il vicino
che cammina, svolta l'angolo e se ne va.

Du suchtest den Süden
für Albert Müller

Sind's diese Morgenstunden, die die Trauben
auf den Hügeln süß werden lassen, mit dem Schatten
in den Talkesseln, die den Liebenden inmitten
glänzender Herbstzeitlosen Zuflucht gewähren? Nichts
leuchtet mehr in den Augen deiner Anna, keine Träume mehr,
das Gesicht ist zerschnitten von roten und grünen
Furchen im Saal des Museums von Chur: hier
sind es Tannen, die mich zerdrücken, die Kühe sind blau,
der Wasserstrahl aus dem Brunnen von Segantini
lässt Platz für ein Fenster ohne Licht,
die weiße Haube einer Bäuerin wird
spitze Stirn, finstere Augenhöhle,
erloschener Falter mit einem gestreiften Pullover.

Du suchtest den Süden im Dorf mit den Kieselsteinen, den Reben,
Albert, der dich der Typhus heimgeholt hat. Wie hätte
ich dich gerne gesehen in der Gasse, in der auch ich auf die
Helligkeit wartete,
wie gerne dir zugewinkt, wie man den Nachbarn grüßt,
der vorübergeht,
um die Ecke biegt und entschwindet.

Via Mala

La vecchia piccolissima che andava
lungo il Reno poco dopo la via Mala
con scarpe scamosciate e un giallo mantello
sembrava in pace con il mondo, dalla clinica
uscivano carrozzelle sospinte
da cherubini davanti alle case di Andeer,
ma lei andava leggera, non perdeva la strada,
nella borsa un gran vaso di ciclamini
per un'ombra in attesa dietro i vetri
della casa per anziani; e camminando
così piccola, appena una foglia portata dal vento,
un passo dopo l'altro rivedeva
gli anni vissuti nella casa in fondo al paese
col suo uomo, falegname di carri,
le ore dorate dal sole autunnale
nell'orto delle dalie rosse rosse,
proprio come adesso.

Via Mala

Die längs des Rheins, kurz nach der Via Mala,
gehende alte Frau, winzig und mit Wildlederschuhen
und gelbem Mantel, schien mit der Welt
in Frieden zu leben, Cherubinen schoben,
von der Klinik herkommend, Rollstühle
durch die Straßen Andeers, aber sie
ging leichtfüßig, den Weg nicht verlierend,
in der Tasche eine große Zyklamen-Vase,
durch einen lauernden Schatten hinter den Scheiben
des Altersheims, und, wie sie so winzig,
ein Blatt fast, vom Wind hergetragen, ging,
besah sie noch einmal, eins nach dem andern,
die im Haus am Dorfrand mit ihrem Mann,
dem Kärrner, verbrachten Jahre,
die goldenen Stunden der Herbstsonne
im Garten mit den – heute wie damals –
rot, überrot blühenden Dahlien.

La cameriera

Eccola, dietro i vetri dell'osteria
un'ombra sopra il labbro, gli occhi scuri
che una volta guardavano dal bancone
come dalle fronde di un nocciolo

invecchiata sotto l'insegna scolorita
vede fuggire come un passero il sogno
che si nascondeva nel suo giovane nido
quando aspettava i balli del sabato

ha ormai perduto la giovinezza
davanti alle carte da gioco, le riviste illustrate
il vino dei solitari
le finestre striate di grigio

ed eccola, mentre guarda dai vetri
ancora vorrebbe essere ragazza
avere l'occhio verde dell'elleboro
che a Pasqua, ancora, mette in un bicchiere.

Die Kellnerin

Hier ist sie also, durch die Scheiben des Wirtshaus-
fensters schaut sie mit einem Schatten über den Lippen,
mit dunklen Augen wie vor Jahren, als sie,
wie von einer Nussbaumkrone, vom Balkon herabschaute;

wie das nun farblose Schild ist sie älter geworden,
sieht die Träume, die sie samstags,
wenn der Tanz begann, träumte, wie einen Sperling,
der sich lange im Baumnest versteckt, entfliegen,

ihre Jugend hat sie verloren
vor Illustrierten und Kartenspielern,
vor dem Wein der einsamen Trinker
und den gräulich gestreiften Fenstern,

und siehe, sie schaut durch die Scheiben
wie das junge Mädchen von damals,
mit dem grünen Auge der Nieswurz,
die an Ostern sie noch immer in ein Glas stellt.

Como, Fermata Primavera

1

La figlia del ferroviere vestita di viola
ha aspettato tutta la vita l'ideale
ora mi guarda alla fermata Primavera.
Ha uno spremilimoni comprato alla fiera.

2

Tra le facce abbronzate dalle lampade
mi s'avvicina addolorata timida
una donna in attesa di sciagure

lasciata la catena di montaggio
nella fabbrica della Bergamasca
ora chiede qualcosa per campare

e intanto i santi di pietra bianca
uno sopra l'altro nelle loro conchiglie
sulla facciata del duomo fanno finta di niente.

Como, Haltestelle Primavera

1

Die Tochter des Bahnarbeiters mit dem violetten Kleid,
ein Leben lang sucht sie nach ihrem Ideal,
nun kommt sie vom Markt mit einer Zitronenpresse –
und betrachtet mich staunend bei der Haltestelle Primavera.

2

Zwischen solariumgebräunten Gesichtern
kommt sie mir scheu und traurig entgegen,
die Frau, die auf anderes Ungemach wartet,

ihre Fließbandarbeit hat sie verloren
in der Fabrik nahe bei Bergamo,
nun bittet sie um eine wohltätige Gabe,

währen die Heiligen aus weißem Stein
einer über dem andern in ihren Nischen
an der Fassade des Doms sie überhaupt nicht beachten.

Il senzanome

Il senzanome che passa ogni giorno
con le mani dietro la schiena
avrà già fatto tre volte il giro del mondo
se contiamo anche i viaggi di andata e ritorno
della mente, le trasferte alle stazioni
dell'infanzia, le deviazioni
per strada interrotta

ogni giorno si spinge fino al villaggio vicino
talvolta porta un tronco sulle spalle, un rastrello
una fascina di pensieri, un grimaldello
che apre la porta d'aria degli uccelli
– loro sì felici, altodanzanti sulle creste –

va a aiutare lo spaccalegna, tira la carretta
suona le campane da morto e d'allegria
va a comprare le Parisiennes, aspetta il battello
che attraverso la nebbia lo porti via.

Der Namenlose

Der Namenlose, der jeden Tag
mit den Händen auf dem Rücken vorbeigeht,
wird die Welt schon dreimal umrundet haben,
wenn wir dazu auch die mentalen
Hin- und Zurückfahrten rechnen,
die Reisen zu den Bahnhöfen der Kindheit,
die Umwege, wenn die Straße gesperrt war,

jeden Tag sieht man ihn bis ins Nachbardorf gehen,
manchmal mit einem Ast auf dem Rücken, einem Rechen,
einem Reisigbündel von Gedanken, einem Dietrich,
der die Lufttore der Vögel öffnet – sie, die in Wahrheit
Glücklichen, wenn sie über den Bergkämmen tanzen –,

er geht dem Holzfäller helfen, zieht den Karren,
läutet die Totenglocke und das Glöckchen der Fröhlichkeit,
er geht die Parisiennes kaufen, wartet aufs Boot,
das ihn durch den Nebel hinwegführt.

L’inquieta

La donna che non sa cosa fare
al crepuscolo si mette sulla strada
braccia conserte come una scolara
guarda su e giù su e giù, aspetta qualcuno

forse è l’ultima volta che s’accende
sopra i prati d’aprile l’acetosa
rosa e verde come la gonna d’allora
e lei ricorda quand’era apparso alla curva

il cantoniere con la sua carriola:
nella fontana l’acqua nuova tremava
un petalo cadeva sul brivido
nudo dell’onda. Ora la donna guarda

– fissa nel suo profilo da sparviera –
la pianura: è una barca tra le piante
con le braccia conserte ancora attende
il petalo di ciliegio che la sfiori.

Die Unruhige

Die Frau, die am frühen Morgen nicht weiß,
was sie tun soll, geht auf die Straße,
steht dort wie ein Schulmädchen mit gekreuzten Armen,
schaut hinauf und hinunter, wartet auf jemand,

vielleicht ist es das letzte Mal, dass der Sauerampfer
sich auf den Aprilwiesen entzündet,
grün und rosa wie damals ihr Rock,
und sie erinnert sich an den Streckenwärter,

wenn er mit seinem Schubkarren an der Kurve erschien:
im Brunnen kräuselte sich das quellfrische Wasser
und ein Blütenblatt fiel auf die bebende,
nackte Woge. Nun schaut die Frau

mit dem Sperberprofil starr auf die Ebene:
sie ist wie ein Boot zwischen Pflanzen,
mit gekreuzten Armen wartet sie immer noch
auf das Kirschblütenblatt, das sie streife.

Chiasso, richiedente l'asilo

Sono qui sulla panchina di metallo
davanti a uno zampillo d'acqua morta
mi vede solo il pederasta zoppo
mi sfiorano quelli del bancomat

poi vanno a digitare sui computer
mentre la mia anima di vetro
s'infrange sul granito cinese
della zona semipedonale.

Dentro di me porto la savana
il deserto, la foto di lei lontana
la parola che scrivo ogni giorno
e non spedisco, l'artiglio del male

però quel giorno che hanno fatto la festa
della parrocchia, ho servito i signori
la loro cattiva coscienza
io, col mio proiettile inesploso

con la mia lattina di birra sul marciapiede
con la mia voglia di ridere, far l'amore
mi appoggio alla rete a guardare
uno si ferma a far cagare il cane.

Chiasso, Asylbewerber

Ich sitze hier auf der Metallbank
vor einem Springbrunnen mit totem Wasser
nur der hinkende Päderast schaut mich an
die Bancomat-Kunden streifen mich leicht

sie tippen auf ihren Computern
während meine gläserne Seele
sich am chinesischen Granit
der Fußgängerzone zerschlägt.

In mir trage ich die Savanne
die Wüste, das Foto der fernen Freundin
das Wort, das ich jeden Tag schreibe
und nicht abschicke, die Kralle des Bösen

doch am Tag des Pfarreifests
habe ich die Herrschaften bedient
ihr schlechtes Gewissen, ich
mit meiner nicht abgefeuerten Gewehrkugel

mit meiner Bierdose vor mir auf dem Boden
mit meiner Lust zu lachen, zu lieben
ich lehne mich ans Metallnetz
und sehe einen, der seinen Hund kacken lässt.

Dal treno, 1º settembre

... e ho nostalgia del paesaggio che scompare
mentre l'Intercity corre nella sera
le mele sugli alberi se ne vanno
appena il tempo di riflettersi nel finestrino
gli orologi delle stazioni segnano
l'ora di sempre

Aus dem Zug, 1. September

… und mit Sehnsucht betracht' ich die Landschaft
am Abend durch die Fenster des Intercity
seh' die Äpfel an den Bäumen entschwinden
in der Scheibe erkenn ich mich selber
und die Bahnhofsuhr zeigt mir die Stunde
wie immer

Madre

Torni nel vento, apri la porta, ti vedo
cammini per la strada quotidiana
insieme agli inquilini della notte
torni a vivere un po' nel tuo quartiere

cammini per la strada quotidiana
in punta di piedi sulle foglie dei tigli
per non disturbare, ti fermi al cancello
del numero sei battuto dal vento

in punta di piedi sulle foglie dei tigli
ah sì, è tornata la Ada, è il giorno dei Santi
– qualcuno scosta la tenda per guardarti –
novembre l'ha riportata tra i viventi

ah sì, è tornata la Ada, è il giorno dei Santi
sono seduti in cucina con la torta di pane
e lei sorride, l'ha portata il vento
insieme alla voce antica delle foglie.

Mutter

Der Wind bringt dich zurück, du öffnest die Tür,
ich sehe dich mit den anderen Nacht-
bewohnern durch die alltägliche Straße gehen,
wieder aufleben in deinem Quartier,

du gehst durch die alltägliche Straße,
auf Fußspitzen, über die Lindenblätter,
um nicht zu stören, hältst du am Eingangstor
inne, Haus Nummer sechs, stehst vom Winde

umweht auf Fußspitzen, über den Lindenblättern,
oh ja, die Ada ist wieder da, heute, am Allerheiligentag,
– und hinter den Vorhängen sieht man dir zu –
November hat sie wieder lebendig gemacht,

oh ja, die Ada ist wieder da, heute, am Allerheiligentag,
am Tisch sitzt man vor dem Brotkuchen,
und sie lächelt, der Wind hat sie gebracht
zusammen mit der alten Stimme der Blätter.

I fratelli

Non vedo più i miei matti:
il generale dell'Armata Rossa
con la marsina carica di medaglie

il Pestalozzi dal largo mantello
seguito dal sorriso dei suoi scolari
che giocavano a prendersi sul sagrato

Martin Eden con uno zaino di poesie
ma, vedete, cammina a ritroso
in cerca di una cosa smarrita

Anna Karenina con pelliccia di gatto
– che da lontano può sembrare castoro –
e labbra rosse come la peonia

non vedo più il generale
il maestro lo scrittore l'amata
mi sono ritirato a vita privata
di giorno conto i ciottoli del vicolo
di notte gioco a dama con le ombre.

Die Brüder

Ich sehe meine Klapsbrüder nicht mehr,
den Rote-Armee-General
mit den Medaillen am Frack

den Pestalozzi mit dem breiten Mantel
und dem Lächeln der auf dem Kirchplatz
spielenden Schüler

Martin Eden mit seinem Rucksack Gedichte,
aber schaut: im Krebsgang geht er, dreht sich
nach etwas Verlorenem

Anna Karenina mit dem Katzenhaarpelz
– oder ist es doch Biber? –
und den päonienroten Lippen

Ich sehe sie nicht mehr: General
Schulmeister Dichter Geliebte
geworden bin ich ein Privatier
zähle bei Tag die Kiesel des Wegs
spiel' mit den Schatten Dame bei Nacht.

Se è vero

Se è vero che chi muore non muore del tutto
ma soggiorna nei posti dove ha vissuto
e va in giro a parlare con gli alberi
tu non sei morta perché ti vedo ogni tanto
nella dimora bianca del convolvolo
sotto il ciliegio che non hai visto fiorire.
Ora hai tutto il tempo e ti sorprendo
davanti questi fiori bianchi a domandare
qual è la verità, perché si vive; e qui seduta
ricordi il libro che ti avevo portato
la carta geografica dei viaggi non fatti.
Ora vai dove vuoi, ora che hai cambiato
il nome e il dove e il quando.
Se è vero che chi vive non vive del tutto
ci ritroviamo a metà strada, nell'antiscalo
tra la morte e la vita, il buio e il petalo.

Wenn es wahr ist

Wenn es wahr ist, dass man nicht vollständig stirbt,
sondern immer noch weilt, wo lebendig man weilte,
mit den Bäumen spricht, mit den Blumen und Pflanzen,
bist auch du nicht gestorben, denn ich sehe dich manchmal
in der rankenden Winde dort im Schatten des Kirschbaums,
dessen Blütenpracht du nicht mehr sehen kannst.
Nun hast du viel Zeit, so viel Zeit, wie du möchtest,
und ich sehe dich vor den weißen Blüten dich fragen,
was die Wahrheit ist, was das Leben, und du sitzt nun
und denkst an das Buch, an die Karten mit den Reisen,
die du alle dir ausgedacht, doch nicht gemacht hast.
Nun gehst du dorthin, wo auch immer du möchtest,
denn die Namen, das Wo und das Wann sind verändert.
Wenn es wahr ist, dass man nicht vollständig lebt,
so werden auf halbem Weg wir uns sehen, im Vorhof
zwischen Tod und Leben, zwischen Dunkel und Kronblatt.

Libellula

La libellula maculata
ha trovato rifugio nel lavandino
del bagno a pianterreno, la sua ala
spezzata non danza più, l'occhio enorme ci guata
ruotando sull'addome smeraldino.
Ma, ecco, il dio degli insetti l'aiuta:
con le zampe lunghissime da atleta
si dà ancora uno slancio verso la vita.

Libelle

Die gefleckte Libelle
findet im Spülbecken des Erdgeschoss-Badezimmers
Asyl. Ihr gebrochener
Flügel will nicht mehr tanzen, das riesige
Auge betrachtet uns kreisend
vor dem smaragdfarbenen Hinterleib.
Doch der Gott der Insekten, siehe,
er hilft: zu neuem Leben
hebt sie mit ihren langen
Athletinnenbeinen noch einmal ab.

Domenica

I gioielli che ornano
gli esili fili d’erba

gocciole che s’accendono
nella nostra domenica

sotto il cielo di cenere
della nuvola tossica

sono lacrime o soli?

Sonntag

Perlen
die Grashalme schmücken

Tropfen
die unseren Sonntag erhellen

unter der Asche
des Giftwolkehimmels

sind es Tränen oder Sonnen?

Canzonetta dell'erba brusca

Sempre mi segue il sangue
– crespo velo di sposa –
dell'erba brusca, schiuma
sull'onde dell'aprile

rosato che spumeggia
fresco, festosamente
a vincere la morte
versato nel bicchiere

mi fa perder la testa
sui dorsi del crinale
che il mattino marezza,
quell'acne giovanile.

Lied des Sauerampfers

Immerzu folgt mir das Blut
– lockiger Brautschleier –
des Sauerampfers, Schaum
auf den Wogen des Rosa-

April, welcher festlich und frisch
aufsprudelt, den ins Glas
gegossenen Tod
zu besiegen; es folgt mir

und lässt mich den Kopf
verlieren an den Hängen
des Grats, die der Wind
masert, jugendlicher Pickel.

A un rosolaccio

Non so cosa mi lega alla tua rossa
corolla che un soffio può disfare,
rosolaccio, fratello di muro, alunno
sbandato delle giornate di maggio,
dei mattini che s'aprono sulla campagna
avvelenata dall'ozono.
È breve la tua vita, un solo giorno
nel pugno di terriccio della faglia
tra un sasso e l'altro, il traffico ti sfiora
dentro il respiro lungo delle erbe
possedute dal vento di giugno.
Potessimo bere un po' della felicità
che offri al sole dalla tua fresca dimora
nel pomeriggio cangiante di avene
ondivaganti! Potessimo
essere uno dei tuoi petali, dimenticare
le Notizie Flash, *Impiccata a un albero*
un'altra adolescente nello stato di Uttar Pradesh,
qui, dove c'insegue l'oscillare
del pendolo tra crudeltà e demenza,
buio e bitume. La tua fragile forza
forse in passato ha rischiarato gli occhi
di nere contadine curve sulla zolla
in queste campagne di croci e d'ornielli:
eccole, se ti guardo le vedo risorgere
nello splendore di questo giorno d'estate.

An einen Klatschmohn

Ich weiß nicht, was mich an deine rote
Korolla, die ein Windhauch verwehen kann,
bindet, Klatschmohn, Mauerbruder, zerstreuter
Schüler der Maitage, der Morgenstunden
auf den ozonvergifteten Feldern.
Kurz währt dein Leben, einen einzigen
Tag in der Handvoll Erde zwischen zwei Steinen;
der Straßenverkehr berührt dich im langen Atem
der Gräser, den der Juniwind geißelt. Könnten
wir ein wenig von deiner Glückseligkeit
trinken, die du der Sonne entgegenhältst
aus deinem frischen Zuhause an den Nachmittagen,
wenn das Haferfeld wogt! Könnten wir
eines deiner Blütenblätter sein, die Flash News
vergessen, *Wiederum hat sich ein Mädchen*
aus dem Staat Uttar Pradesh an einem Baum erhängt,
hier, wo das Pendel zwischen Stumpfsinn
und Grausamkeit, Asphalt und Dunkelheit schwingt.
Deine zerbrechliche Kraft hat vielleicht
in der Vergangenheit die Augen
schwarzer, über die Erde gebeugter Bäuerinnen
erhellt, hier auf den Feldern zwischen Kreuzen
und Manna-Eschen: hier sind sie also, wenn ich
dich anschaue, hier seh ich sie wieder erstehen
in der Herrlichkeit dieses Sommertags.

Contrappunto

«Nina ti amo» sulla cascina slabbrata
il suono d'una cornetta e poi il vento
tra le foglie: il contrappasso è questo
che m'accompagna un giorno di settembre
mentre la lancetta delle ore si ferma
sotto la quercia dove uccelli s'infrascano
nel folto. Passerà anche la mia ombra
e i suonatori e il vento e gli amori di muro.

Kontrapunkt

«Nina, ich liebe dich» über dem Meierhof
mit dem abfallenden Verputz der Klang
eines Kornetts und dann in den Blättern
der Wind: dies ist der Kontrapunkt,
der mich an diesem Septembertag,
während der Uhrzeiger nicht vorrückt, begleitet;
unter den Ästen der Eiche, im Dickicht,
in dem sich die Vögel versammeln,
geht auch mein Schatten vorüber,
wie der Hornklang, der Wind und
wie die auf der Mauer verewigte Liebe.

Scrivere una poesia
al ballerino di Carimate
che mi chiede come si scrive una poesia

Sì, forse è un po' come ballare il tango
si dev'essere in due, cinger la vita
non fare il passo più lungo della gamba
assecondare l'onda dentro l'ombra
dove pulsa il sangue, fare il casqué
sulla pedana senza cascarsi addosso
inseguire il tuo cuore, Caminito.

Ein Gedicht schreiben

dem Tänzer aus Carimate
der mich fragt, wie man ein Gedicht schreibt

Ja, vielleicht ist es wie einen Tango tanzen,
man muss zu zweit sein, die Taille umfassen,
nicht größere Schritte machen als das Bein es erlaubt,
sich der Woge hingeben innerhalb des Schattens,
in dem das Blut pocht, den Casqué
auf der Bühne ausführen, ohne aufeinander zu fallen,
deinem Herz folgen, Caminito.

Salvataggio

Stanotte in sogno ho scavalcato i monti
a bordo di una vecchia Cinquecento
raggiunto i colli, colto l’iris proibito
nel prato sopra Arzo dove l’Ettore aveva deciso
di farsi monaco. Poi sono scappato
ma avevo il fiatone
aggrappato a una felce sul burrone
una rondine mi ha salvato.

Rettung

Heute Nacht bin ich im Traum
über die Berge gefahren
an Bord eines alten Cinquecento,
habe die Hügel erreicht, die verbotene
Iris gepflückt, auf der Wiese
über Arzo, wo der Ettore
Mönch werden wollte. Dann
bin ich davongelaufen,
doch mit keuchendem Atem; fand
mich im Farngebüsch
überm Abgrund, wo eine Schwalbe
mich rettete.

Donna che grida

Ci hanno conciato, grida, come le piante,
grida da matta ai moncherini dei tigli
davanti alla chiesa dei Cappuccini, mentre
alto sorvola il bosco sacro l'astore
nemico del serpente; sì, ci hanno fatto a pezzi
ma tu, chiunque tu sia, donna incontrata
nell'oro del mattino di settembre,
non dargliela vinta
vola via verso la luce rinata,
prega il dio dei rapaci
che t'aiuti a fuggire dalla gabbia.

Schreiende Frau

Man hat uns, schreit sie, zusammengestutzt wie die Pflanzen,
zu den Lindenstümpfen schreit sie's wie eine Verrückte,
auf dem Platz vor der Kirche der Kapuziner, derweil
in der Höhe der Feind der Schlange, der Habicht, den heiligen
Wald überquert; o ja, man hat uns zerstückelt, zu Kleinholz
gemacht, aber du, wer auch immer du bist, Frau
– ich bin dir im Gold des Septembermorgens begegnet –,
schau, noch immer nicht bist du besiegt,
entfliege ins neugeborene Licht,
zum Gott der Raubvögel bete, auf dass
er dir helfe, aus dem Käfig zu fliehen.

Tra cielo e terra
per l'amico pittore Samuele Gabai

Sgommando, come di sangue gronda
l'uomo che brucia la vita
dentro scatole di ferro, nel corpo
l'artiglio che non perdona;

come farneticando egli s'arremba
senza dio, mutilato. Solo
col suo telefonino cellulare
parla, con un fantasma, di denaro.

Ma tu dipingi il dentro, le frattaglie,
la voce che tra cielo e terra oscilla,
dipingi il grembo della roccia fonda

l'onda che certi giorni fa gridare
e va lungo i crinali dell'autunno
nelle ripe che amiamo, nelle vene.

Zwischen Himmel und Erde

für den Malerfreund Samuele Gabai

Mit den Reifen quietschend trieft
wie von Blut der Mann, der das Leben
in Eisenschachteln verbrennt, mit im Körper
die niemals verzeihende Kralle;

als würde er irrereden, wenn er gottlos,
verstümmelt, den Sturmangriff probt,
wenn er mit einem Phantom am Mobil-
telefon über Geldsachen spricht.

Aber du malst das Innere, das Geschlinge,
die zitternde Stimme zwischen Himmel
und Erde, den Schoß in der dichten

Gesteinsschicht, die Woge, die Tage
aufschreien lässt längs den Kämmen des Herbsts,
in den Felsabstürzen und Venen, die wir so lieben.

III

La colomba di Brusino

Davanti a un pomeriggio così mite
con queste forsizie che sporgono dai cancelli
l'odio sembra proprio impossibile:
quando arriva il pensionato brianzolo
in vena di conversazione.
E tra cavedani carpe alborelle
e quei pesci voraci che tutto divorano
lui si scaglia contro i negri e gli zingari
e quelli da Roma in giù e i musulmani.
I barconi dei migranti? Da affondare.
È uno che abita poco lontano ma viene qui
a prendere il sole svizzero, più puro. Suo figlio
fa lavorare gli albanesi per pochi soldi
di là dalla frontiera.
Mentre il Brianza parla
una folaga lo guarda. Anch'io cerco di guardarlo
negli occhi ma trovo solo occhiaie da morto e sul labbro
uno sputo: come contrasta
la colomba sopra il fontanile intagliata
nella pietra gentile di Brusino
con questa voce di ferraglia!

Ma tu, folaga, danza
e tu tuba, colomba, tuba tuba
sorella amorosa dei miti
facci dimenticare la demenza.

Die Taube von Brusino

An diesem milden Nachmittag
mit den üppigen Forsythien
über den Gartentoren scheint der Hass
nicht möglich zu sein, bis der gesprächige
Rentner aus der Brianza erscheint.
Und zwischen alles verschlingenden Fischen,
Perl-, Weißfisch, Karpfe und anderen,
wettert er über Neger, Zigeuner, Muslime
und alles, was südlich von Rom wohnt.
Die Flüchtlingsschiffe? Versenkt sie!
Es ist einer, der nicht weit von hier wohnt,
der in die Schweiz kommt, um die reinere
Sonne zu genießen. Sein Sohn beschäftigt
Albaner, weil sie weniger kosten, jenseits
der Grenze.
Während der Brianza-Mann spricht,
schaut ihn ein Blässhuhn an. Auch ich versuche
ihm in die Augen zu schauen, doch ich finde nur
tote Augenhöhlen, eine blecherne Stimme,
einen spuckenden Mund: ganz im Unterschied
zu der in den Brunnen aus dem weichen
Stein von Brusino gemeißelten Taube.

Doch du, Blässhuhn, tanze,
und du, Taube, gurre,
liebliche Schwester der Sanftmütigen,
lass uns die Dummheit vergessen.

La donna di valle

Leggere mi piaceva, per la campagna
camminando tenevo aperto davanti a me
un romanzo d'amore. Finché un giorno
mi apparve sul sentiero l'uomo che suonava il violino alle feste:
il Muto, lo chiamavano, ma con quell'archetto
sapeva parlare e ci siamo sposati. In silenzio
abbiamo avuto quattro figli.

A Sant'Apollonia, quando partiva per la stagione
tutti piangevano come le corde del suo violino,
piange anche la vacca nella stalla, diceva lui ridendo.
Ma un giorno non è tornato.

Adesso qui sola nell'ombra
accanto alla mia fuchsia dai pendenti violetti
ricordo quando bambina tornata da scuola
trovavo polenta e zucchero sul tavolo di cucina
in uno scartozzello azzurro,
sento il corno del pastore d'oltremonte
che la mattina in paese chiamava le capre,
sento il rombo di quel giorno d'agosto
quando la tromba d'aria gialla e viola
si portò via le tegole del tetto.

E dopo cena
viene a trovarmi, il Muto, col suo violino
viene a trovarmi dall'altro mondo, si siede qui

Die Frau aus dem Tal

Ich las gerne. Wenn ich durchs Land ging,
hielt ich einen Liebesroman in den Händen,
bis eines Tages auf meinem Weg der Mann,
der an den Dorffesten Geige spielte, erschien:
der Stumme, so nannte man ihn, doch mit seinem Bogen
wusste er, wie man spricht, und wir haben geheiratet.
Schweigend haben wir vier Kinder bekommen.

Zu Sant'Apollonia, wenn er sich für die Saison aufmachte,
weinten wir alle wie die Saiten seiner Geige,
auch die Kuh im Stall, so sagte er lachend, weint.
Doch eines Tages ist er nicht mehr zurückgekommen.

Jetzt,
da ich allein bin, im Schatten, neben meiner violett
hängenden Fuchsie, denk ich daran, wie ich Kind war,
wie ich von der Schule heimkehrte und Polenta und Zucker
auf dem Küchentisch vorfand, in einer blauen Tüte,
ich höre das Horn des Hirten, der am Morgen
die Ziegen des Dorfes zusammenrief, hinter dem Berg,
ich höre das Dröhnen an jenem Augusttag, als die gelbviolette
Windhose die Dachziegel wegriss.

Und nach dem Abendessen
kommt mich der Stumme besuchen, mit seiner Geige,
er kommt mich besuchen aus der anderen Welt, er setzt sich
hier hin, spielt für mich einen Walzer, eine kleine Mazurka.

mi suona un valzerino, una mazurca.
Gli parlo un po' ma non gli dico niente
del nostro figliolo
portato via da quel male.

Ich spreche ein wenig mit ihm, aber sage ihm nichts
von unserem Sohn, den
jene Krankheit heimgeholt hat.

Zinnie d'ottobre

a Sonia e Pierino

Morbide fiamme, adescano
il mio sguardo le zinnie
colte nel vostro orto
dove miti s'accendono
di rosa rosso viola

e divento farfalla
sedotto da quel fuoco
che nasce dalle brume
e dolcemente avvampa.

Oktoberzinnien
für Sonia und Pierino

Samtweiche Flammen,
die meinen Blick
fangen, Zinnien,
in eurem Garten habe
ich sie gepflückt,
wo sie sich sanft,
rot rosa und violett-
farben, entzünden.

Und ich werde
vom Feuer verführter Falter,
wenn aus den Nebeln
es süß mir entgegenloht.

Filo d'erba
a Gianmaria

Mi chiedi perché non scrivo
con un filo d'erba. Eh, avere
la leggerezza dell'avena
che si muove nel vento, muovere l'ala
tra roveti e detriti come la gazza
che dai rami sfrasca ghignando,
vincere il dolore,
aprire lo sguardo su un altrove ...

Grashalm
für Gianmaria

Du fragst mich, warum ich nicht
mit einem Grashalm schreibe. Oh,
die Leichtigkeit des im Winde
sich regenden Hafers haben, wie die Elster
mit den Flügeln zwischen Dornbusch
und Schutthalde flattern, wie sie
in den Zweigen rascheln und lachen,
den Schmerz überwinden,
den Blick offen halten für anderes ...

Dal ciclo «Ogni oltraggio»

Vedrò ancora la prossima fioritura?
Meglio cogliere adesso il farfaraccio
che a te non piace, forse per il nome; eppure
il suo cappello verde ci accompagna nel viaggio
fin dai tempi più antichi, il suo globo stellato
illumina le nostre passeggiate.
Non disprezzarlo, perché vivere è un rischio.

Aus dem Zyklus «Jedes Ungemach»

Werd ich die nächste Blütezeit noch erleben?
Ich pflücke wohl besser jetzt schon die Pestwurz,
auch wenn sie dir (wegen des Namens?) wenig gefällt;
ihr Hut aber ist uns seit ältester Zeit schon Begleiter
auf unseren Reisen, und wenn wir spazieren
gehen, erleuchtet uns ihre gestirnte Kugel.
Verachte sie nicht: leben heißt auch riskieren.

Colore dell'aquilegia – che dicono fiore
dell'amor nascosto – una piccola croce
mi ha tracciato, il ragazzo serbo, sulla pelle
con la matita copiativa
e mi sembra d'avere l'anima fragile
nel cilindro della TAC: ma ci saranno
effetti collaterali
come nelle guerre dei Balcani
che ammazzano donne e bambini?

Mit der Farbe der verheimlichten Liebe,
dem Blaulila der Akelei, hat mir
der serbische Pfleger mit einem Filzstift
ein kleines Kreuz auf die Haut
gezeichnet – und mir scheint nun, ich habe
im Zylinder des Computertomographen
ein zerbrechliches Herz:
sind es die Nebenwirkungen
wie in den Kriegen auf dem Balkan,
welche Frauen und Kinder töten?

Come fa il fuoco quando si riaccende
la strana bestiolina nei miei visceri
risveglia una nuova voglia di vivere
mescolata con la paura:
sono Ungaretti in trincea
orbettino che si rintana nel buco
mi aggrappo a quel poco che ogni giorno mi bea:
così, vado spezzando i rami secchi
del vecchio bosso per ringiovanirlo.

Wie das Feuer, wenn es sich wieder entzündet,
erweckt das merkwürdige Tierchen
in meinen Eingeweiden eine neue
Lebenslust, aber auch Angst:
ich bin Ungaretti im Schützengraben,
Blindschleiche, die sich verkriecht,
ich klammere mich an das wenige,
das mich jeden Tag noch beglückt:
so breche, um ihn zu verjüngen, ich die dürren
Äste des Buchsbaums.

Stanotte mi sono alzato, urtavo i mobili
e mi pareva d'essere il Luigi
che amava i blazer coi bottoni d'oro
il vino rosso le macchine inglesi,
come regalo di nozze aveva ricevuto
una tanica di super per la sua Triumph:
ma, una volta in pensione, la metastasi.
Zampettava dal divano al lavandino
come un fringuello caduto dal nido.

Heute Nacht bin ich aufgestanden,
beim Gehen stieß ich an Tisch und Stühle –
und mir schien es, ich wäre Luigi,
der die Blazer mit den Gold-Knöpfen liebte,
den Rotwein, die englischen Autos,
als Hochzeitsgeschenk hatte er für seinen Triumph
einen Kanister mit Super erhalten:
doch, kaum war er pensioniert, Metastasen.
Er trippelte vom Sofa zum Waschbecken
wie ein aus dem Nest gefallener Buchfink.

Ti attacchi alla mia mano
come una madre che s'aggrappa al figlio
in partenza per l'oltremare e poi sul molo
agita il fazzoletto; ma non aver paura
il glicine sembra andato ma ributta
se taglio i rami secchi, il Padreterno
ha staccato il biglietto del ritorno
se ti regalo un verso. Amami
e ti porterò una manciata di terra
buona per i fiori del giardino.

An meiner Hand hältst du mich fest
wie eine Mutter, die ihren Sohn
der nach Übersee zieht, umklammert, um dann
mit dem Taschentuch auf der Mole zu winken;
doch hab keine Angst, die Glyzinie
scheint abgestorben, aber sie wird wieder keimen,
sie muss nur beschnitten werden. Der Herrgott
garantiert mir die Rückfahrt, wenn ich dir
einen Vers schenke. Liebe mich
und ich werde dir eine Handvoll Erde
mitbringen für die Blumen des Gartens.

«Die Frauen die Blätter das Licht»
Die brüderliche Stimme Alberto Nessis

Alberto Nessi war in seinem Schreiben, in der Prosa wie in der Poesie, stets bestrebt, einen Augenblick aus dem Leben ganz gewöhnlicher, im Schatten gebliebener, von der Geschichte und der Berichterstattung ausgegrenzter Frauen und Männer auf dem Papier und folglich in unserer Erinnerung fortwähren zu lassen. *I giorni feriali* (Die Werktage, 1969), *Ai margini* (Am Rand, 1975) und *Rasoterra* (Flach am Boden, 1983), so lauten nicht zufällig die sprechenden Titel seiner ersten Lyrikbände, die von einer frühen thematischen und stilistischen Wahl zeugen, der der Dichter über die Jahre hinweg treu bleiben sollte, ohne sich dabei Entwicklungen und Neuerungen in Form und Inhalt zu verschließen.

Dies bestätigen auch die von Christoph Ferber ausgewählten und übersetzten Gedichte im vorliegenden Buch, das nun auf die vor mehr als zwanzig Jahren von Maja Pflug übersetzte und ebenfalls vom Limmat Verlag herausgegebene Anthologie *Mit zärtlichem Wahnsinn / Con tenera follia* (1995) folgt.

In diesem neuen Buch entstammen nur noch einige wenige Texte dem Band *Il colore della malva* (Die Farbe der Malve, 1992), alle anderen hingegen sind neueren und neuesten Sammlungen des Tessiner Autors entnommen: *Blu cobalto con cenere* (Kobaltblau mit Asche, 2000), *Ladro di minuzie* (Kleinigkeitendieb, 2010), *Un sabato senza dolore* (Ein Samstag ohne Schmerz, 2016). Zudem bereichern den Band einige in Buchform noch unveröffentlichte oder nur in dem seltenen Kunstdruck *Ogni oltraggio* (Jedes Ungemach, 2017) erschienene Gedichte.

Der deutschsprachige Leser kann in *Blätter und Blässhühner / Foglie e folaghe* erneut einen Dichter entdecken, der kontinuierlich die ihm wichtigen Themen zur Sprache bringt: die brüderliche Achtsamkeit gegenüber den Schwächeren und Ausgegrenzten, die familiäre Zuneigung, die Natur (vor allem die Blumen) und die Kunst (vor allem die Malerei); doch kann er auch einen Dichter finden, der es versteht, angesichts der – mitunter auch schmerzlichen – Erfahrungen im Leben, seinen Horizont zu erweitern und neue Wege einzuschlagen, wiewohl er dabei nie auf seinen liebevollen Ton verzichtet.

Beim Erscheinen von *Blu cobalto con cenere* schrieb ich in einer Rezension, dass in dem Band eine Wende zu bemerken sei. Nessi, dessen Schreiben stets von einem «Minimum der in der Poesie zuträglichen Rhetorik» gekennzeichnet war (so der Kritiker Pier Vincenzo Mengaldo), erlaubte sich in diesem Band merklich, doch keineswegs übermäßig, ein wenig mehr an Aufwand, ein wenig mehr an Literarizität. Man denke etwa an einen Text wie *Parlami* (Sprich zu mir), reich an Dante'schen Anleihen wie «s'immilla» (sich vertausendfachen), an Fachausdrücken mit Betonung auf der drittletzten Silbe wie «farferugine» (Butterblume) oder «ebetudine» (Stumpfsinnigkeit), an überraschenden Elfsilblern wie jenem so wundervollen am Ende des Gedichts («Noi due, di mezza età, marito e moglie», Wir beide, mittleren Alters, Mann und Frau).

Mit *Blu cobalto con cenere* legte der Autor in seinem sechzigsten Lebensjahr wahrlich ein Werk der höchsten Reife vor, meisterhaft in der Beherrschung der technischen Mittel, sicher in seiner Stimme und fähig, ein reibungsloses Miteinander von Wirklichkeit und Metapher, Leben und Literatur zu schaffen. So wechseln sich etwa in *Viaggio* (Reise), dem dritten Text im Schlussteil des Buches mit dem Titel *Corona per mia madre* (Krone für meine Mutter), die Etappen der Zugreise des Sohns, quasi wie in einer Doppelbelichtung, mit den rohen realistischen Bildern des mütterlichen Schmerzes ab. Doch die «angeli barellieri» (Bahren tragende Engel), die die Frau im zweiten Teil des Gedichts behutsam über die Schmerzen der Welt heben, sind ein unvergessliches, Chagall'sches Bild starker und verhaltener Rührung und großer Poesie.

Bis zum Erscheinen des Bandes *Ladro di minuzie* vergingen dann zehn Jahre; es handelt sich dabei um ein Werk, das nicht nur eine Zusammenfassung von Alberto Nessis lyrischem Schaffen bis dahin darstellt, sondern das auch eine Auswahl an Gedichten aus der unveröffentlichten Sammlung *Se luce non splende* (Wenn das Licht nicht glänzt) enthält, die nur zum Teil vorweg in *plaquettes* und Zeitschriften verstreut erschienen waren.

Der Titel dieser nie eigenständig erschienenen Sammlung ist dem Gedicht *Non dire* (Sag nicht) entnommen, das aus sieben Strophen zu je vier Versen und einem einzelnen Schlussvers besteht, in dem es heißt: «non dire niente se luce non splende» (sag nichts, wenn das Licht nicht glänzt). So als forderte der Dichter sich selbst und damit uns alle auf, das Sprechen und das Dichten zu verweigern, wenn die Lebensbedingungen der Menschen und der anderen Lebewesen auf diesem Planeten nach Rache schreien, wenn Gewalt und Egoismus über Gerechtigkeitssinn und Solidarität gesiegt haben. Die Variationen über dieses Thema werden, wie häufig bei Nessi, von einer Anapher unterstrichen (jede Strophe beginnt mit den Worten «Non dire...»), was dem Gedicht den Rhythmus einer weltlichen Litanei verleiht, die an den Gemeinschaftssinn von uns Menschen appelliert. Es ist dies eines der eindrücklichsten Gedichte Nessis, in dem soziales Engagement und Rhetorik *(ars poetica)* aufs Gelungenste zusammenwirken. Dasselbe gilt auch für *Rondini* (Schwalben), ein kürzeres in dieser Anthologie enthaltenes Gedicht:

> [...]
> Und auf einmal fragt mich bei der Abgrenzung
> ein daumenloser Ausländer, ob ich seinen Bruder
> gesehen habe. Bei Gott, ja, seinen Bruder ...

Ich weiß nicht was sagen, denke an die Toten
im Wasser, an die Zerfleischten, Zerkratzten, an die,
die auf Raten leben, an die, die im Herzen
von einem Stromschlag
getroffene Schwalben mit sich tragen, beim Draht-
zaun hier, gegen Ende des Sommers.

Hier sei kurz klargestellt, dass Nessi kein Dichter ist, der mit Zitaten um sich wirft, der sich seiner Lektüren brüstet, der demonstrativ auf andere, klassische oder moderne, Texte anspielt, um sie zu imitieren oder zu parodieren. Doch soll man auch nicht glauben, es gäbe solche Anspielungen nicht. Die Schwalben Alberto Nessis, am Ende des Sommers von einem Stromschlag getroffen, lassen uns unweigerlich an jene Schwalben denken, von denen der große Dichter Giovanni Pascoli so viele Male gesprochen hat, besonders in dem berühmten Gedicht *X Agosto* (10. August), wo das Schicksal eines Menschen und das einer Schwalbe in dem – für beide gleichermaßen gewaltsamen – Tod eins werden.

In Alberto Nessis folgendem Band, *Un sabato senza dolore,* stößt man gleich im ersten Gedicht *(Stazione,* Bahnhof) auf einen anderen Vogel, der in Wirklichkeit nicht weniger symbolisch ist: «partire da queste allodole / stramazzate tra fasci di binari» (aufbrechen bei diesen Lerchen / die niedergeschmettert zwischen Gleisbündeln liegen). Auch hier genügt das von Nessi gewählte Adjektiv «stramazzate», um die Leserinnen und Leser an die erste Strophe eines großen Textes der italienischen Lyrik des 20. Jahrhunderts zu verweisen, an einen der bekanntesten in den *Ossi di seppia* (Tintenfischknochen) von Eugenio Montale:

Spesso il male di vivere ho incontrato:
era il rivo strozzato che gorgoglia,

era l’incartocciarsi della foglia
riarsa, era il cavallo stramazzato.

Oft hab ich Qual und Unlust zu leben getroffen:
Es war der gedrosselte Wildbach in seinem Brodeln,
es war das Sich-Rollen des trockenen
Blattes, das Pferd, das zusammengebrochen.
Übersetzung Christoph Ferber

So wendet sich im Titelgedicht dieser Anthologie, *Foglie e folaghe,* das lyrische Ich an eine seiner Töchter, ermutigt sie, nicht der Enttäuschung nachzugeben und dem Vergangenen nachzutrauern, und rät ihr, stattdessen nach vorne zu schauen, «come fa la folaga / quando va via sull’acqua scintillante» (wie es das Blässhuhn tut / wenn es übers glitzernde Wasser davonschwimmt). Das Gleichnis, betont durch die Alliteration (fa / folaga), erinnert an eines der vielen Naturepigramme in Dantes *Divina Commedia,* lässt einen aber auch an die Tiere denken, die zum Symbol des Widerstands werden, etwa in den Gedichten *L’anguilla* (Der Aal) von Montale und *Frammento della martora, La trota* (Fragment des Marters, Die Forelle) von Giorgio Orelli.

Mehr als bei anderen scheint bei Nessi die große Lektion von Giorgio Orelli zu wirken, dem italienisch schreibenden Schweizer Dichter, der vielen nach ihm Kommenden ein Vorbild war und dem Nessi selbst mehrmals eine Hommage in Versen widmete (etwa *Omaggio a Giorgio Orelli*). So auch in einem der neueren Gedichte, *Vecchio con girello* (Alter mit Rollator) in *Un sabato senza dolore,* in dem die zertretene Eidechse an die tote Amsel in einem der denkwürdigsten Texte in Orellis *Spiracoli* (1989) erinnert: «la lucertola schiacciata – verdazzurro barbaglio / che scolorisce sotto il sole di giugno / un po’ ogni giorno un po’ di più ogni giorno» (die zertretene Eidechse – grünblaue Blendung / die sich unter der

Junisonne entfärbt, täglich ein bisschen, täglich ein bisschen mehr). Denn auch dort bestehen die Farben des auf dem Asphalt zerquetschten Vogels (das Schwarz der Federn, das Rot des Bluts, das Gelb des Schnabels), wie bei Nessi, noch einige Tage vor der endgültigen Auslöschung fort.

Eben darin liegt einer der Gründe für die Faszination von Nessis Dichtung: Sie ist auch Lesern ohne Fachkenntnisse zugänglich, da sie an der Oberfläche keine Unklarheiten und Hindernisse im wörtlichen Verstehen aufweist; doch bietet sie auch einer kundigen Leserschaft, die ihren tiefen und verborgenen Reichtum zu erfassen weiß, große Genugtuung. Damit sind die Anspielungen, die mehr oder weniger versteckten Zitate gemeint, die den Lesern der Übersetzung zwar entgehen müssen, doch sei daran erinnert, dass diese zwischentextliche Komponente vorhanden ist und, direkt oder unterschwellig, nicht wenig zur poetischen Wirkung beiträgt. Denn Nessis Dichtung nährt sich, wie die aller ehrlichen Dichterinnen und Dichter, aus dem Leben, ja, aber in Gemeinschaft mit anderer Dichtung, oder der Dichtung anderer.

Aber kehren wir zum Bild des Lichts zurück, vom dem weiter vorne hinsichtlich des Titels *Se luce non splende* die Rede war. Das Motiv des Lichts scheint tatsächlich häufig in Nessis Dichtung aufzutauchen, zugleich mit dem immer stärker eindringenden Dunkel (der Krankheit, des Alters, des Todes). *Un sabato senza dolore,* dem Band, aus dem Christoph Ferber in dieser Anthologie ausgiebig schöpft, ist das schmerzliche und zugleich lichterfüllte Buch des Kampfes des Dichters gegen das Dunkel. Der Band, einer seiner schönsten überhaupt, teilt sich in drei Abschnitte: *Apparizioni* (ein Titel von Sereni aus *Strumenti umani), Familiari* (das wiederum an Giorgio Orelli und seinen «cerchio familiare» erinnern lässt) und *Il buio e il petalo* (Das Dunkel und das Kornblatt). Letzterer Titel stammt aus dem letzten Vers des zweiten Gedichts in diesem Abschnitt, *Se è vero* (Wenn es wahr ist):

Wenn es wahr ist, dass man nicht vollständig stirbt,
sondern immer noch weilt, wo lebendig man weilte,
mit den Bäumen spricht, mit den Blumen und Pflanzen,
bist auch du nicht gestorben, denn ich sehe dich manchmal
in der rankenden Winde dort im Schatten des Kirschbaums,
dessen Blütenpracht du nicht mehr sehen kannst.
[...]
Wenn es wahr ist, dass man nicht vollständig lebt,
so werden auf halbem Weg wir uns sehen, im Vorhof
zwischen Tod und Leben, zwischen Dunkel und Kronblatt.

Alles reduziert sich mit einem Mal auf das Wesentliche, auf die Opposition von Leben und Tod, als deren Gegengewicht der fortdauernde imaginäre Dialog, das unaufhörliche Gespräch zwischen Lebenden und Toten agiert: Wenn die Wand, die uns von den verstorbenen Angehörigen und Freunden trennt, so dünn ist, dann kann man ihnen entgegengehen und sie auf halbem Weg treffen, nicht mehr eingehüllt in die «nebbia dell'aldilà», den «Nebel des Jenseits» (*Gli amici,* Die Freunde).

Im neuesten Schaffen Nessis finden wir Augenblicke der Harmonie und der Freude, auch der Verwunderung ob der Schönheit der Welt, der Landschaft, der Frauengesichter. Man denke nur an ein Kleinod wie *Bienne, Coin-des-Tilleuls, 6 settembre* aus dem Abschnitt *Apparizioni:*

All'ombra di un tiglio
c'è una ragazza con gli occhi
un po' azzurri un po' verdi
di meraviglia.

Im Schatten einer Linde
findest du – o Wunder! –

ein Mädchen mit zauberhaft
blaugrünen Augen.

Es liegt darin eine Anmut, eine Leichtigkeit der Berührung, die an die Gedichte von Sandro Penna denken lässt, einem weiteren berühmten Dichter, den Christoph Ferber vor einigen Jahren übersetzt hat. Und doch herrscht in diesem Buch die Melancholie eines Menschen vor, der spürt, dass das Leben zu einem großen Teil schon vorüber und das Ziel nicht weit ist. Das letzte Gedicht darin, eines der großartigsten in Nessis gesamtem Werk, heisst *Conversazione con l'angelo* (Gespräch mit dem Engel). Es ist eine Art zweifelnde Bilanz, eine unruhige Befragung seines Lebens und seines poetischen Schaffens in diesem Leben («E tutte quelle righe che vai tracciando?»/«Und all diese Zeilen, die du niederschreibst?»).

Durch seine Dialogform erinnert das Gedicht an einige Gedichte in Vittorio Serenis *Strumenti umani* oder Mario Luzis *Nel magma* – beides Bücher aus der Mitte der sechziger Jahre, als Nessi zu schreiben und zu publizieren begann; doch in den Schlussversen des Textes hatte Nessi wohl ganz besonders Giorgio Caproni gegenwärtig, einen weiteren der großen Meister der italienischen Poesie des 20. Jahrhunderts. Ich beziehe mich dabei vor allem auf sein denkwürdiges Gedicht *Congedo del viaggiatore cerimonioso* (Abschied vom zerimoniösen Reisenden). Auch Nessi verfasste in seiner wundervollen *Conversazione con l'angelo* einen berührenden «Abschied»:

«... Doch du, wer bist du?
Hast du mich gerufen? Ist die Stunde schon da? Welche Eile!
Ich leg mein Kornett in die Hülle,
packe den Koffer: gehe und grüße
die Frauen die Blätter das Licht,
die ich alle so liebte.»

Die Frauen, die Blätter, das Licht (doch bei Nessi ohne trennende Kommas) sind eine Art Synthese des Lebens und der beständigen Liebe des lyrischen Ichs, seiner Treue zur Existenz hier auf Erden. Und erneut, zusammen mit den Frauen (der Mutter, der Ehefrau, den beiden Töchtern ...) und mit den Blättern, die hier die ganze Natur versinnbildlichen, in eminenter Stellung, am Versschluss: das Licht. Wenn es wahr ist, dass «mit der Zeit alles verblasst» *(A Lucia, sul confine,* Für Lucia, an der Grenze), dann weiß Alberto Nessi nur zu gut, dass es das Licht zu bewahren gilt, das Licht, das der Welt Farben verleiht. Seine Lyrik ist für uns alle eine wertvolle Laterne in der Nacht. Sie hilft uns, in der Dunkelheit oder Dämmerung, die wir durchschreiten müssen, besser zu sehen.

Pietro De Marchi
Übersetzung Julia Dengg

Nachweis

Die Gedichte in Teil I stammen aus: *Il colore della malva*, Edizioni Casagrande, Bellinzona 1992 (Gedichte auf den S. 6–15); *Blu cobalto con cenere*, Edizioni Casagrande. Bellinzona 2000 (Gedichte auf den S. 16–41); *Ladro di minuzie. Poesie scelte 1996-2009*, Abschnitt: «Se luce non splende», Edizioni Casagrande, Bellinzona 2010 (Gedichte auf den S. 42–79).

Die Gedichte in Teil II stammen aus: *Un sabato senza dolore*, Interlinea, Novara 2016.

Die Gedichte in Teil III (S. 140–149) sind bisher unveröffentlicht; die Gedichte aus dem Zyklus *Ogni oltraggio* sind in einem bibliophilen Kunstdruck bei den Edizioni Sottoscala, Bellinzona 2017, erschienen.

Biografien

Christoph Ferber, geboren 1954, wohnhaft auf Sizilien. Ist vor allem als Übersetzer von Lyrik bekannt geworden. Zahlreiche Veröffentlichungen. Übertragungen meist aus dem Russischen, Italienischen und Französischen. Wichtigste Autoren: Michail Lermontow, Fjodor Tjutschew, Gaspara Stampa, Vincenzo Cardarelli, Salvatore Quasimodo, Eugenio Montale, Sandro Penna, Stéphane Mallarmé. Im Limmat Verlag hat er mehrere Lyrikausgaben betreut, so von Francesco Chiesa, Giorgio Orelli, Giovanni Orelli, Remo Fasani, Aurelio Buletti, Pietro De Marchi, Ugo Petrini, Werner Renfer, Jean-Pierre Schlunegger, Georges Haldas. 2014 ausgezeichnet mit dem Spezialpreis Übersetzung des Schweizerischen Bundesamtes für Kultur, 2016 erhielt er den Paul Scheerbart-Preis.

Pietro De Marchi, geboren 1958, Literaturwissenschaftler, Prosaschriftsteller und Lyriker. Lehrt italienische Literatur an der Universität Zürich. Von ihm sind im Limmat Verlag erschienen: *Der Schwan und die Schaukel / Il cigno e l'altalena. Gedichte und Prosastücke 1990–2008; Das Orangenpapier / La carta delle arance. Gedichte;* Nachwort und Gespräch mit Giorgio Orelli, in: *Giorgio Orelli, Sagt es den Amseln / Ditelo ein merli, Gedichte;* Vorwort in: Giorgio Orelli, *Un giorno della vita, Erzählungen / Racconti.*

Inhalt / Indice

I

Der Verlag dankt der Kulturstiftung Pro Helvetia für die Unterstützung der Übersetzung, dem Kanton Tessin und dem Migros-Kulturprozent für die Druckkostenzuschüsse.

Contributo finanziario del Cantone Ticino derivante dall'aiuto federale per la lingua e la cultura italiana.

Im Internet
› Informationen zu Autorinnen und Autoren
› Hinweise auf Veranstaltungen
› Links zu Rezensionen, Podcasts und Fernsehbeiträgen
› Schreiben Sie uns Ihre Meinung zu einem Buch
› Abonnieren Sie unsere Newsletter zu Veranstaltungen
und Neuerscheinungen
www.limmatverlag.ch

Das *wandelbare Verlagsjahreslogo* auf Seite 1 zeigt Bildzeichen der deutschen Gebärdensprache. Jede gezeichnete Geste steht für ein Wort und wird in dieser visuellen Sprache im Zusammenspiel mit Mimik und Körperhaltung zur eigenständigen Sprache, die der Lautsprache in nichts nachsteht.

Der Limmat Verlag wird vom Bundesamt für Kultur mit einem Strukturbeitrag für die Jahre 2016–2020 unterstützt.

Umschlagbild von Samuele Gabai, *Strana immagine cara,* 2014
Typographie und Umschlaggestaltung von Trix Krebs

ISBN 978-3-85791-860-5